U0459869

本研究获得国家语委"十三五"科研规划 2020 年度一般项目（编号：WT135-67）资助，特此致谢！

# 国际中文教育领域拓展和路径创新研究

尹冬民 著

北京语言大学出版社
BEIJING LANGUAGE AND CULTURE
UNIVERSITY PRESS

© 2022 北京语言大学出版社，社图号 22131

图书在版编目（CIP）数据

国际中文教育领域拓展和路径创新研究 ／ 尹冬民著
. —— 北京 ： 北京语言大学出版社，2022.10（2024.4 重印）
ISBN 978-7-5619-6188-9

Ⅰ. ①国… Ⅱ. ①尹… Ⅲ. ①汉语－对外汉语教学－
教学研究 Ⅳ. ① H195.3

中国版本图书馆 CIP 数据核字（2022）第 201463 号

国际中文教育领域拓展和路径创新研究
GUOJI ZHONGWEN JIAOYU LINGYU TUOZHAN HE LUJING
CHUANGXIN YANJIU

排版制作：北京创艺涵文化发展有限公司
责任印制：周 燚
封面题字：尹冬民

出版发行：北京语言大学出版社
社　　址：北京市海淀区学院路 15 号，100083
网　　址：www.blcup.com
电子信箱：service@blcup.com
电　　话：编 辑 部　8610-82303647/3592/3395
　　　　　国内发行　8610-82303650/3591/3648
　　　　　海外发行　8610-82303365/3080/3668
　　　　　北语书店　8610-82303653
　　　　　网购咨询　8610-82303908
印　　刷：北京富资园科技发展有限公司

版　　次：2022 年 10 月第 1 版　　印　次：2024 年 4 月第 2 次印刷
开　　本：710 毫米 × 1000 毫米　1/16　印　张：12
字　　数：169 千字　　　　　　　　定　价：58.00 元

PRINTED IN CHINA
凡有印装质量问题，本社负责调换。售后 QQ：1367565611，电话：010-82303590

# 序

## 日日行，不怕路万里

——序尹冬民《国际中文教育领域拓展和路径创新研究》

尹冬民博士的《国际中文教育领域拓展和路径创新研究》是国家语委"十三五"科研规划项目的成果，即将由北京语言大学出版社出版，我很乐意说几句卷首之言。这不仅是因为北京语言大学是我任职服务之地，国家语委是我曾经任职服务之所，国际中文教育是我投身其中的事业，更是因为冬民的这部著作有诸多可圈可点之处。

国际中文教育是民族大业，也对国际语言生活有着卓越贡献。但要肩负国家与人类的"双重使命"前行，实属不易。我曾经把这一事业比作演戏，有唱戏人，有看戏人。演戏不仅要有好剧本、好演员、好乐队，还要搭好戏台、引来观众。我们需要重视剧本、演员等"唱戏"问题，这是演戏之根本；也要重视搭台、观众等"看戏"问题，这是演戏之效益。戏唱得不好，看戏人再多也是空热闹，最终人将散去；反过来，戏唱得再好，观众寥寥，也只能算自娱自乐，最终剧团也将散去。我们既要重视"唱戏"，也不要忽略了"看戏"，甚至还要培养出大批的"戏迷"来。冬民的这部著作，侧重讨论如何"搭台"、如何"引人看戏"、如何培养"戏迷"的工作，亦即国际中文教育的领域拓展和路径创新。

中外政府的共识对国际中文教育事业的发展至关重要。2013 年以来的近 10 年里，中外联合签署的声明、公报等共有 517 份，其中与国际中文教育相

1

关者有 108 份。冬民认真梳理了这些文件，从所涉内容、所涉国家、所生效果等方面仔细研究，用实实在在的数据，说明利用中外声明、公报、教育合作协议等引导语言文化交流合作的重要意义。

截至 2021 年底，全世界有 180 多个国家开展了中文教育项目，75 个国家颁布法令政令将中文纳入国民教育体系，4000 多所大学设立了中文院系、专业、课程，75 000 多所中小学校、华文学校、培训机构开设了中文课程，中国每年平均派出中文教师和志愿者上万人次。冬民对国际中文教育的情况进行了全面细致的考察，通过爬梳各类公开的信息资料，探究了支持中文纳入各国教育体系的路径方式。中文纳入各国的国民教育体系，是国际中文教育落地生根最为重要的举措。这些有益探索必将助力国际中文教育拓展领域、创新发展。

冬民的这部著作，还重点研究了中外语言文化重要的节庆品牌项目，特别是联合国中文日和中外语言年等项目，系统回顾了国际中文教育实践中打造的"汉语桥"等多种品牌，展示了中文教育的品牌矩阵。国际语言传播机构是推动国际语言生活发展的公益力量，冬民考察了法语联盟基金会、英国文化教育协会、塞万提斯学院等的运作，由此窥见国际语言传播机构的发展趋势；考察这些机构与孔子学院开展的教学文化活动的各自特点，由此来看国际语言传播机构之间合作共赢的可能。冬民善书法，当然不会忘记探讨中国书法的国际传播史，指出书法助力国际中文教育的意义和优势。

人类进入数字时代，很多对未来的"神话般"的预测正在变为现实。面对纷繁复杂的国际形势，面对层出不穷的风险挑战，面对出乎意料的"未来已来"，国际中文教育如何可持续高质量发展，这是必须回答的时代课题。冬民 2010 年曾赴爱尔兰科克大学孔子学院任教，有中文教师的基层经历，有中文志愿者的炽热情感。他博士毕业以后投身国际中文教育一线工作，心中有数据，眼可览众山，对国际中文教育可做宏观把握，可从操盘者的角度进行观察。他的《国际中文教育领域拓展和路径创新研究》，便是对这一时代课题的回答，特别是侧重从如何"搭台"、如何"引人看戏"、如何培养"戏迷"等方面作出的回答。而这些方面，正是学界研究较为薄弱之处，但却是国际中文教育事业当前发展的热点难点。

冬民在他著作的前言中引用中国古谚：日日行，不怕千万里；常常做，不怕千万事。是的，国际中文教育前路漫漫，千里万里，只要不停步，日日行，我们，我们的国际中文教育事业，就会行稳致远。

李宇明

2022 年 8 月 29 日

序于北京惧闲聊斋

# 前　言

## 国际中文教育高质量发展思考的"抛砖引玉"

　　古希腊哲学家赫拉克利特认为世界上一切事物都是运动变化的。他把这种事物的运动变化比作一条奔腾不息的河流，将事物运动的状态概括为"万物皆流，无物常驻"，还形象指出"我们不能两次踏进同一条河流"。战国时期的荀子曾指出："与时迁徙，与世偃仰。千举万变，其道一也。"(《荀子·儒效》)中西两位哲学家分别点出了事物的"变"与"不变"，深刻阐明了把握事物发展要运用辩证思维。

　　习近平主席讲过两个大局，一个是中华民族伟大复兴的战略全局，一个是世界百年未有之大变局。新冠疫情的暴发使得我们对百年未有之大变局有了更加清醒的认识。"百年"在本质上是一个大历史的概念，是指一个相对较长且正在发生巨大变化的历史时期。这个"大变局"之"大"、之"变"，具体来说有以下几点：世界经济重心在发生变化——原来经济中心在大西洋两岸，现在经济中心开始向太平洋两岸转移；世界政治格局也在悄然发生着重大的变化——传统的 G7 统领世界的格局正在发生变化，G20 发挥的影响更大、更为广泛、更为深远；全球化的进程也在发生重大的变化——一些国家"退群""脱欧"，"逆全球化"的现象开始频频出现。"大变局"重点在"大"、在"变"。新的科技革命浪潮的出现也催生了很多新产业，这个变化也是很长时期以来没有过的。尤其是新冠疫情的暴发引发了世界之变，现在对世界

经济的影响已经十分深远，并且很有可能影响全球化进程和世界政治格局的变化。（沈传亮，2021）

当前，面对纷繁复杂的国际形势和层出不穷的风险挑战，国际中文教育如何实现可持续高质量发展，这是新时代国际中文教育工作者必须回答的紧迫课题。国际中文教育要坚持因地制宜、与时俱进，练好内功、抢抓机遇，做好领域拓展和路径创新，服务好各国民众日益增长的多样化中文学习需求，努力融通中外文化，增进文明交流，为推动构建人类命运共同体作出积极贡献。

面向未来，中国乃至世界的变化都是难以准确预估的，如何更好地预测和展望，近日西班牙莫洛·F. 纪廉（Mauro F. Guillén）博士的新著《趋势2030：重塑未来世界的八大趋势》给我带来了思维和认识上的颠覆。作者构思了一个逻辑严密的认识论体系，描述了从当下到2030年全球人口、经济、商业、社会变化的八大趋势及其相互关系。八大趋势主要为：（1）人口大逆转；（2）银发族引领新潮流；（3）新兴市场的中产阶级；（4）女性影响力增加；（5）城市成为变革引擎；（6）技术创新与未来；（7）共享与协同经济；（8）加密货币与区块链。在作者看来，这八大趋势在2030年前后会达到临界点，我们需要为迎接机遇和挑战做好准备。纪廉教授还提供了应对复杂变化的横向思维方式，以及与不确定性共存、有目标地实现多样化、从小处着手、保留选择权、乐观对待不确定性、不要害怕匮乏、把握当下等七个生存指南。

这本书的观点对于语言教学和国际中文教育同样极具参考价值和启发性。如人口因素带来重要影响，到2030年我们将面临婴儿荒，随着东亚、欧洲和美洲出生率下降，并伴随着非洲、中东和南亚出生率相对缓慢递减，全球经济和地缘政治力量的平衡正在改变。但是撒哈拉以南非洲人口数量在增长。根据世界银行预测，2030年非洲农业将成为万亿美元级别的产业，很可能改变全球经济格局。从目前人口结构和趋势来看，人口老龄化、少子化及寿命延长等将使得银发经济和老龄化金融逐渐形成。值得注意的是，女性的角色也将变得更加重要。2030年将是一个万物互联的时代，以人工智能、大数据、云计算为代表的科技文明将极大改变人们的生活方式。与之相应，未来国际中文教育或将产生如下变化：在受众区域上，撒哈拉以南非洲地区受众人数可能会大幅增长；在年龄上，老龄群体比重可能会提高；在性别上，女性比重可能会增加；在分布上，将注重城市布局和创意设计；在模式上，将倚重科学技术，进入数字智能时代；在运作机制上，提倡共享资源与协同支撑；在传播上，讲求语言与区块链的融合发展；等等。未来已来，对于国际中文教育来说，亟须系统设计、提前布局，创新赋能、强优补短。

本书的写作缘起有两个方面。一是远些看，我与国际中文教育结缘于上海大学读博期间。在舍友蒋重母这个资深国家公派教师的现身说法下，我首次听说孔子学院项目，并于2010年9月至2011年6月赴爱尔兰科克大学孔子学院任中文教师志愿者，从此风雨无阻，无悔付出，成为国际中文教育大家庭的一员，也是从那时起开始尝试对如何做好中文教学和文化推广做一些理论思考。二是近些看，我在2020年9月申报了"国际中文教育领域拓展和路径创新研究"课题，立项为国家语委"十三五"科研规划一般项目。为深入开展调查研究，我梳理了自己近年发表在《光明日报》《人民日报（海外版）》《现代传播》《天津师范大学学报》《世界教育信息》等报刊上的部分成果，结合具体业务实际，进行系统整合和理论架构，并进行信息数据上的补充修订和内容阐释上的延伸扩展。基于课题设计方案，本书聚焦国际中文教育领域拓展和路径创新，涉及国际中文教育体制机制、运作模式、重点项目、品牌建设等内容，通过对国内外相关领域成功案例进行分析，并借鉴国外语言文化推广机构先进传播经验，为国际中文教育创新发展提出路径建议。在工作之余，本人重点关注了七个领域，结合业务实际，对相关内容进行了数据梳理和理论思考，有很多地方不够深入，仅代表个人观点，以期抛砖引玉。

本书分为七章。第一章重点关注中外声明、公报中与国际中文教育相关的内容。书中基于 2013 年以来涉及国际中文教育主题中外声明、公报情况的统计，剖析了其中体现的发展需求和内涵要求，建议更好地发挥声明、公报机制的需求牵引、政策保障和资源支撑作用。第二章重点关注中外语言文化重要节庆品牌项目。书中在梳理联合国中文日和中外语言年等项目的基础上，分析了国际组织官方语言中文的使用率，建议全力开展"国际中文日"系列活动，打造中文教育品牌矩阵并发挥其示范引领作用。第三章重点关注中国书法国际传播的路径与策略。书中梳理了中国书法海外传播的简要历史、典型意义和独特优势，建议做好书法传播的重要渠道、支撑能力、形式创新和国际影响力建设。第四章重点关注国外语言文化推广机构运作机制。书中以法语联盟基金会、英国文化教育协会、西班牙塞万提斯学院作为主要参照对象，就其办学宗旨、管理运行、资金来源、主要项目、发展规模等情况进行全面梳理，并据此针对我国语言文化传播机构的建设与发展提出策略和建议。第五章重点关注欧美国家代表性语言文化传播机构以及孔子学院举办活动的情况。书中按内容、形式和主题对各类活动进行对比研究，兼及国际语言文化传播机构主要发展趋势，据此对我国语言文化活动开展提出了因地制宜、立足语言教学、鼓励多方参与、发挥智库作用等建议。第六章重点关注如何支持中文纳入各国国民教育体系工作。书中探究了国民教育体系的内涵、表述、组成和现有基础，重点梳理和总结了将中文纳入各国教育体系的途径和方法，包括各国颁布相关政令规划、签署协议备忘录、制定教学大纲等，并提出了加强国别调研、强化官方协调等建议。第七章重点探讨中国语言文化国际传播的总体策略。书中梳理了习近平主席关于语言文化传播路径宗旨的系列重要论述，深入领会语言文字交流合作中的"桥梁论""钥匙论""朋友论",依托中外语言文字交流合作推动构建人类命运共同体,重点打造国际中文教育传播体系和传播平台,构建国际中文教育标准体系并加强其应用推广,并就新时代国际中文教育高质量发展中心任务提出建议,如提升传播主体能力、科学凝练传播内容、借鉴创新传播方式等。

胡适先生曾在《赠与今年的大学毕业生》一文中说过:"天下没有白费的努力。成功不必在我,而功力必不唐捐。"所谓"功不唐捐",意思就是希望我的努力和这些不成熟的思考能对大家有所助益。古人说:"日日行,不怕千万里;常常做,不怕千万事。"只要国际中文教育工作者携手同心、行而不辍,就一定能汇聚起奔涌向前的磅礴力量,共同书写更加光明美好的未来!

# 目　录

# 第一章

## 积极利用中外声明、公报提高服务质量

进入 21 世纪以来，世界各国学习中文、了解中国的需求日益增长，全球"中文热"持续升温。"国之交在于民相亲，民相亲在于心相通。"①为满足各国民众实际需求，增进民心相通、文化交融和文明互鉴，中国积极借鉴英国、法国、德国、西班牙等国家推广本民族语言的先例，于 2004 年正式启动孔子学院项目。经过多年发展，孔子学院已在全球 160 多个国家开花结果，受到各国民众的热烈欢迎。孔子学院作为众多中文教学项目的典型代表，是中国向世界提供的公共产品。中文教育的蓬勃发展是中外平等合作、互利共赢、携手同行的重要体现。

中外政府共同发布的声明、公报，一般由中外领导人联合签署，表明双方的基本态度和重要共识。（尹冬民，2021）内容涉及政治合作、防务安全、抗疫防灾、经贸金融、食品农业、环境气候、文教旅游、能源卫生等诸多领域。其中语言交流是教育合作的重要内容，尤其是中文教学的内容，对促进中文本土化发展起到了政策引导和推动作用。我们从中外政府签署的声明、公报视角梳理和研究中文相关主题的占比情况，有利于了解各国政府对中文教学的需求，增强中文教学服务水平，尤其是有利于在共商共建共享的原则下参与全球治理，进一步提升国家语言能力。

## 一、国际中文教育主题中外声明、公报梳理

联合声明是指两个或两个以上的国家、政府、政党在举行会议或会谈中，就共同关心的问题表明的立场，或者说明各方就双边或多边问题所达成的协议，以及就各自享有的权利和义务而发表的声明。联合声明的签署往往能显示两国在双边关系或某些领域中达成的共识和意愿，用于指导多领域合作或一些问题的解决，展望国家间关系的发展方向。

联合公报是指两个或两个以上的国家、政府、政党就有关重大国际问题、

---

① 引自习近平主席 2017 年出席"一带一路"国际合作高峰论坛开幕会时发表的主旨演讲。

事件的会谈进展、经过、达成的协议等所发表的正式文件，是用以表明双方或多方对同一问题的共同看法的报道，或是经过谈判达成的具有承担权利和义务的协议文书。

相比联合声明，联合公报发表的次数就略少一些，也显得更加正式。虽然联合声明和联合公报的区别或界限并不明显，但一般而言，联合声明在法律效力上还是弱于联合公报。条约性联合公报是在国际事务中双方或多方对共同关心的某件事经过谈判达成一定的协议，并规定了谈判各方承担的权利和义务，经过各自全权代表签署，以昭信守的条约文件。虽然联合声明和联合公报的区别或界限并不明显，但一般而言，联合声明在法律效力上还是弱于联合公报。（杨春，2013）

根据中国外交部官网"资料"专栏公开信息，自 2013 年至 2021 年底，中外联合签署的"声明、公报"等文件共计 517 份，其中包括联合声明、联合公报、联合宣言、纲领纲要、规划计划、名录清单、愿望展望等各类形式（为方便表述，文中"声明、公报"非特指，包含各类文件）。在这些声明、公报中，与中文、语言及相关教学项目等有关的共 108 份（相关主题、内容等见本章附录），约占总量的 21%，以下就涉中文相关主题的 108 份声明、公报进行梳理和分析。

## （一）从主题内容看

声明、公报中涉及孔子学院主题的词语出现 55 次、汉语教学 31 次、语言 26 次、汉语 19 次、孔子课堂 13 次、语言教学 10 次、汉语教师 10 次、中文 7 次、孔子学院奖学金 5 次、汉语人才 4 次、汉语桥 4 次、中文教学 3 次、汉语课程 3 次、汉学 3 次、汉办 3 次、汉语培训 2 次、汉语教材 2 次、国民教育体系 2 次、中文国际班 1 次、汉语奥林匹克竞赛 1 次、汉语教学机构 1 次、语言年 1 次，其中汉语教学、中文教学、语言教学三类出现总次数为 44 次。可见，近年来孔子学院（孔子课堂）项目已经成为中国语言文化海外传播的知名品牌，是带动各国本土中文教育发展的重要抓手；中文教学仍然是中文学习的首要需求和关注点。

## （二）从区域国家看

中国已有 181 个建交国、112 对伙伴关系。在 108 份涉及中文主题的声明、公报中，外方的签署国家共有 42 个，相关文件的国家分布情况如下：俄罗斯 9 份，德国、法国、塔吉克斯坦、乌兹别克斯坦、巴基斯坦各 4 份，保加利亚、白俄罗斯、尼泊尔、阿富汗各 3 份，美国、西班牙、意大利、希腊、吉尔吉斯斯坦、土库曼斯坦、越南、老挝、柬埔寨、斯里兰卡、马尔代夫、印度尼西亚、墨西哥、巴西、埃及各 2 份，葡萄牙、芬兰、匈牙利、克罗地亚、塞尔维亚、波兰、圣马力诺、马耳他、韩国、泰国、阿联酋、文莱、阿根廷、乌拉圭、南非、莫桑比克、摩洛哥、埃塞俄比亚、孟加拉国、英国、亚美尼亚、苏丹、秘鲁、蒙古各 1 份。从各洲所涉及的国家来看，亚洲有 41 个、欧洲 38 个、北美洲 4 个、南美洲 5 个、大洋洲 1 个、非洲 9 个；从所涉及的区域①组织来看，拉美和加勒比国家有 4 个、东盟 2 个、欧盟 1 个。可见，就语言交流水平和中文学习关注度而言，区域和国家差异较大：周边基础较好，中外合作频繁；欧洲、北美洲等地区的经济和语言大国普遍重视中文学习，中外合作也较多；非洲、拉丁美洲等地区国家的基础较弱，中外合作空间较大。

## （三）从分布形式看

从声明、公报签署日期逐年分布情况看，2013—2021 年中外共签署 517 份，其中 2013 年 55 份、2014 年 77 份、2015 年 57 份、2016 年 77 份、2017 年 49 份、2018 年 58 份、2019 年 49 份、2020 年 44 份、2021 年 51 份，年均约 57 份。涉及中文主题的声明、公报有 108 份，年均 12 份，各年份变化较

---

① 此处的"区域"是按照中外联合声明、公报涉及的区域进行的罗列，相互之间存在范围上的交叉，为方便读者全面了解，本书不做进一步切分。当然，有的也难以进行严格的区分。

大，其中 2013 年 17 份、2014 年 24 份、2015 年 9 份、2016 年 17 份、2017
年 9 份、2018 年 12 份、2019 年 14 份、2020 年 2 份、2021 年 4 份。其中，
2020 年以来，涉及中文主题的声明、公报数量骤减，主要原因是新冠疫情持
续肆虐全球，严重冲击了各国正常的教育交流合作，尤其是线下语言教学活
动。各国政府更多关注合作抗疫和地区安全等，同时，随着科技的发展和疫
情影响的扩大，语言教学更多转向在线教育。在这 108 份声明、公报中，联
合声明 58 份、规划计划 15 份、联合公报 14 份、联合宣言 9 份、文件协议 4
份、名录清单 3 份、纲领纲要 2 份、愿景展望 2 份、会议纪要 1 份，其中联
合声明和联合公报约占 67%。

## 二、中外声明、公报凸显机遇与挑战并存

中外声明、公报涉及两国安全、经贸、科技、教育、人文等各领域，是
两国友好关系不断加深的实际成果，是两国政府和人民友谊的最佳见证。中
外声明、公报中不断增多的中文相关主题内容，一方面体现了各国政府对国
际中文教育的实际需求和大力支持，同时对国际中文教育的办学质量和服务
能力也提出了更多更高的要求。

### （一）中外政府大力支持中文教育

中外声明、公报作为国家间合作签署的协议文书，是我国因应外国政府的
主动要求和实际需求，并与外方平等协商的结晶，充分体现了语言领域中外合
作共赢的理念。签署中外声明、公报作为官方行为，对于两国未来教育文化
交流意义重大，中国作为中文母语国，有责任和义务为世界各国民众学习中
文、了解中国提供优质服务，为中外语言交流合作、世界多元文化互学互鉴
搭建平台。中外声明、公报的签署使得孔子学院、英国中文培优项目等均得以
快速发展。英国教育部在 2016 年启动实施"中文培优"项目（MEP），计划五
年内投入 1000 万英镑，培养出至少 5000 名中文流利的中学生。目前已有 7000

名英国学生在该项目注册。英国教育部表示会将项目资助延长至 2023 年，额外投入 1640 万英镑。早在 2008 年法国教育部就与中国教育部签署了协议，合作设立中文国际班。这在很大程度上提高了中文在法国国民教育体系中的地位。目前开班数量已超过 55 个，全法共有 170 多所高等院校、900 所中小学开设中文课程。

## （二）国际中文教育海外发展机遇与多元需求

一方面，经过 10 多年创新发展，孔子学院（孔子课堂）已成为全球知名中文教育品牌。在涉及中文主题的声明、公报中，孔子学院（孔子课堂）主题词出现频次最高约 68 次，主要内容涉及三大类：（1）明确指出继续办好、支持孔子学院和孔子课堂建设的有 30 次；（2）表示欢迎新建、增设孔子学院和孔子课堂的有 25 次；（3）高度赞赏孔子学院和孔子课堂在两国教育文化交流中发挥重要作用的有 13 次。孔子学院（孔子课堂）作为推动中外教育文化交流的重要平台，在中外教育和文化领域受到极大关注和广泛欢迎。

另一方面，中外声明、公报中的"扩大汉语教学规模""提高汉语教学水平""增派汉语教师""加强汉语培训""提供更多奖学金名额""扩大汉学家交流""继续办好汉语年""大力实施汉语桥品牌项目"等内容表述，充分体现了各国对教师、教材、教学法、奖学金、文化活动、品牌项目以及推动中文纳入国民教育体系等，还存在很多更高的现实需求。各国中文教学在需求上越来越呈现多元化趋势，要求国际中文教育在发展过程中需主动进行供给侧改革，进一步提高办学质量，为各国教育机构提供个性化服务。

## （三）签署范围体现国际中文教育分布特点

中外声明、公报是需求的产物、协商的成果，中文教学是两国语言交流、经贸合作、文明互鉴的重要体现。从 108 份涉及中文主题的声明、公报的签署国家和所涉区域可以明显看到：一方面，中国和周边国家，如俄罗斯、中亚 4 国、巴基斯坦、阿富汗、尼泊尔、老挝、柬埔寨等合作频繁，仅这周边 10 国与中国签署的涉及中文主题的声明、公报就有 35 份，约占总量的 32%；另一方面，德国、法国、美国、西班牙、意大利、希腊等欧美国家也非常重视语言交流合作，并且各国大多有专门的语言文化推广机构，如歌德学院、法语联盟、塞万提斯学院、意大利文化中心、但丁学院等。从洲别看，亚洲、欧洲是语言交流合作的主体，涉及中文主题的声明、公报数量约占总量的 73%；而美洲、非洲和大洋洲涉及中文主题的声明、公报数量偏少。值得注意的是，我国与非洲地区有较多经贸往来，中文学习需求尤其是职业中文需求迅猛增长，国际中文教育有广阔的发展前景。

## 三、利用中外声明、公报推动创新发展

中外声明、公报对促进中文本土化发展乃至被纳入各国国民教育体系起到了重要的政策引导和推动作用，为中文师资培养培训、教材读物研发、课程大纲编写等创造了有利条件，为各国民众学习中文提供了大力支持。

### （一）充分利用中外声明、公报形式

声明、公报作为国家间的协议文件，一般由中外领导人联合签署，表明双方的基本态度和立场，明确双方权利和义务，具有重要的指导意义。教育外事等部门应充分发挥中文教育的公益属性，积极利用中外声明、公报这种独特形式，在教育文化交流板块更多体现中文主题相关内容，发挥语言的桥梁作用；加强相关各方协调联动，形成纳入前充分沟通协商、纳入后加强监督落实的良性机制。推动中外声明、公报中中文相关主题的纳入，将成为中外双方加大文明互鉴、深化语言交流合作、开展品牌项目及活动的重要参考和遵循。

### （二）纳入重要文件，建立落实台账

声明、公报内容一般涉及政治合作、防务安全、抗疫防灾、经贸金融、食品农业、环境气候、文教旅游、能源卫生等诸多领域，是两国在双边关系或某

些领域中达成的共识，对相关领域的工作具有重要的指导性意义。在 108 份涉中文主题的声明、公报中，习近平主席签署 64 份，李克强总理签署 36 份，约占总数的 93%。其中关于加强中外交流合作、文明互鉴、语言交流、中文教学的内容，是开展国别中文教育和推动中文纳入各国教育体系的重要遵循。事实上，国际中文教育工作涉及多个领域，需要多部门统筹协调、同步推进。

### （三）探索多措并举的有效方式

声明、公报作为国家间的一种约定和倡议，虽然不具有法律约束力，但却是中外双边推动中文教育的重要机制和手段。基于中外声明、公报，我们应该多措并举，积极进行探索和落实。截至 2021 年，中国已与 188 个国家和地区、46 个重要国际组织建立了教育合作与交流关系，在办的各级各类中外合作办学机构和项目达 2300 余个。这些项目中达成的双边多边教育合作协议较声明、公报而言，具有较为明确的项目举措、目标和时间表，通常包含支持中文教学、开发中文教材、开展师资培训和交流互派等具体内容。面向未来，我们需积极借鉴其他国家语言文化推广机构的经验，完善相关法律法规保障自身发展权益；加强与相关国际组织的交流合作，建立应急和协商机制；开拓和探索更多元的合作方式。

### （四）适应需求，创新机制谋发展

国际中文教育面临个性化、差异化、多样化的现实学习需求。当前，线上线下融合发展、数智转型等均对国际中文教育提出了创新要求。只有持续推动自身治理体制和能力建设，着力吸引和凝聚各方力量积极参与，才能不断夯实国际中文教育的社会和民意基础，实现从规模到内涵上的提升。其中，健全和完善国际中文教育本硕博学科体系，着力培养培训、选拔聘用本土中文教师，完善国际中文教育标准体系，加大投入实施开拓创新项目，等等，这些举措及创新运作机制可以在中外声明、公报的大框架下进一步推动国际中文教育高质量发展。

附录　涉及国际中文教育主题的中外声明、公报统计（2013—2021年）

| 序号 | 时间 | 类型 | 涉及主题 | 来源文件 | 内容摘编 | 外方国家名称 | 外方所属区域/组织 |
| --- | --- | --- | --- | --- | --- | --- | --- |
| 1 | 2021.12 | 规划计划 | 孔子学院、中文 | 中非合作论坛—达喀尔行动计划（2022—2024） | 双方将继续支持孔子学院和孔子课堂在非洲发展。中方欢迎非洲各国将中文教学纳入国民教育体系，将通过多种方式进一步在非洲各国开展中文教育。中方将进一步支持非洲开展非洲语种教育和培训，培养熟练使用非洲语种人才 |  | 非洲 |
| 2 | 2021.12 | 联合公报 | 语言教学、中文教学 | 中俄总理第二十六次定期会晤联合公报 | 落实语言教学项目，鼓励在华俄文教学以及在俄中文教学 | 俄罗斯 | 欧洲 |
| 3 | 2021.06 | 联合声明 | 中文教学 | 中华人民共和国和俄罗斯联邦关于《中俄睦邻友好合作条约》签署20周年的联合声明 | 拓展两国教育、高校间和学术交流，鼓励在华俄文教学和在俄中文教学 | 俄罗斯 | 欧洲 |
| 4 | 2021.05 | 联合宣言 | 孔子学院 | 中华人民共和国和圣马力诺共和国建交50周年联合新闻稿 | 双方愿继续支持圣马力诺大学孔子学院发展 | 圣马力诺 | 欧洲 |

续表

| 序号 | 时间 | 类型 | 涉及主题 | 来源文件 | 内容摘编 | 外方国家名称 | 外方所属区域/组织 |
|---|---|---|---|---|---|---|---|
| 5 | 2020.12 | 联合公报 | 语言、汉语教学、汉语 | 中俄总理第二十五次定期会晤联合公报 | 积极在相互语言学习问题上开展协作，鼓励在华俄语教学以及在俄语教学，确保学习者获得高质量学习材料；结合教育领域合办活动的成功实践，继续组织中俄儿童夏令营等活动，促进两国儿童间的友谊和相互理解，加深其对两国传统和文化的认知，激发其学习汉语和俄语的兴趣 | 俄罗斯 | 欧洲 |
| 6 | 2020.11 | 规划计划 | 语言教学、语言 | 落实中国—东盟面向和平与繁荣的战略伙伴关系联合宣言的行动计划（2021—2025） | 开展高等教育机构间务实合作，在确保质量、学生交流、联合研究、语言教学等方面视情加强合作；促进语言、文化、艺术和文化遗产领域青年交流，增进了解，加深友谊 | | 东盟 |
| 7 | 2019.11 | 规划计划 | 语言、汉语教学、汉语教学机构 | 中法关系行动计划 | 双方重申重点加强教育和语言合作，推动在华法语教师和在法汉语教师培养工作，按照双方约定的方式支持法语联盟在华发展，支持汉语教学机构在法发展 | 法国 | 欧洲 |

续表

| 序号 | 时间 | 类型 | 涉及主题 | 来源文件 | 内容摘编 | 外方国家名称 | 外方所属区域/组织 |
|---|---|---|---|---|---|---|---|
| 8 | 2019.10 | 联合声明 | 孔子学院奖学金、孔子学院、孔子课堂 | 中华人民共和国和尼泊尔联合声明 | 中方将向尼方提供 100 个孔子学院奖学金名额。中方支持尼方举行 2020 尼泊尔旅游年活动,欢迎尼方扩大在华旅游宣介提供便利。会,愿为尼方扩大在华旅游宣介提供便利。中方将于 2020 年在尼泊尔举办第九届"中国节"和第四届加德满都文化论坛,继续发挥尼泊尔中国文化中心、孔子学院、孔子课堂对中尼文化交流与合作的促进作用 | 尼泊尔 | 亚洲 |
| 9 | 2019.09 | 联合公报 | 汉语 | 中俄总理第二十四次定期会晤联合公报 | 扩大教育领域双向留学交流规模,支持在中国推广俄语和在俄罗斯推广汉语 | 俄罗斯 | 欧洲 |
| 10 | 2019.07 | 联合声明 | 汉语教学 | 中华人民共和国和阿拉伯联合酋长国关于加强全面战略伙伴关系的联合声明 | 中方赞赏阿联酋阿布扎比王储、武装部队副总司令穆罕默德殿下提出的在阿学校开展汉语教学的倡议,双方鼓励两国官方和民间加强文化交往 | 阿联酋 | 亚洲 |
| 11 | 2019.07 | 联合声明 | 语言教学 | 中华人民共和国和保加利亚共和国关于建立战略伙伴关系的联合声明 | 双方重视两国教育和科技合作,将继续深化学生流动、语言教学、高校科研等方面合作 | 保加利亚 | 欧洲 |

续表

| 序号 | 时间 | 类型 | 涉及主题 | 来源文件 | 内容摘编 | 外方国家名称 | 外方所属区域/组织 |
|---|---|---|---|---|---|---|---|
| 12 | 2019.07 | 文件协议 | 语言 | 中华人民共和国政府与波兰共和国政府间合作委员会第二次全体会议共同文件 | 双方将通过互派留学生等方式进一步加强教育领域合作，支持本国公民学习对方的语言 | 波兰 | 欧洲 |
| 13 | 2019.06 | 联合声明 | 汉语教学、孔子学院 | 中华人民共和国和塔吉克斯坦共和国关于进一步深化全面战略伙伴关系的联合声明 | 中方欢迎塔方学生来华学习，并愿为塔提供年度政府奖学金，为留学生提供中国政府奖学金，支持塔方开展好汉语教学，双方共同办好孔子学院 | 塔吉克斯坦 | 亚洲 |
| 14 | 2019.06 | 联合声明 | 孔子学院 | 中华人民共和国和吉尔吉斯共和国关于进一步深化全面战略伙伴关系的联合声明 | 双方将巩固教育领域合作，中方将继续在中国院校培养吉尔吉斯斯坦发展经济所需的高素质人才，包括发挥好孔子学院交流合作平台作用 | 吉尔吉斯斯坦 | 亚洲 |
| 15 | 2019.06 | 联合声明 | 汉语、孔子学院 | 中华人民共和国和俄罗斯联邦关于发展新时代全面战略协作伙伴关系的联合声明 | 利用远程教育技术等开展汉语、俄语教学；完善在华俄语中心和在俄孔子学院等汉语学习中心的运作模式 | 俄罗斯 | 欧洲 |
| 16 | 2019.04 | 名录清单 | 汉语桥 | 第二届"一带一路"国际合作高峰论坛成果清单 | 中国国家汉办举办"一带一路"共建国家青年学生"汉语桥"夏令营活动 | "一带一路"国家 | |

续表

| 序号 | 时间 | 类型 | 涉及主题 | 来源文件 | 内容摘编 | 外方国家名称 | 外方所属区域/组织 |
|---|---|---|---|---|---|---|---|
| 17 | 2019.04 | 规划计划 | 孔子学院、汉语教学 | 关于构建中柬命运共同体行动计划（2019—2023） | 积极发挥在柬孔子学院在汉语教学、文化交流方面的作用，支持中国高校提升柬人才培养质量 | 柬埔寨 | 亚洲 |
| 18 | 2019.04 | 联合声明 | 汉语、语言 | 中华人民共和国政府和克罗地亚共和国政府联合声明 | 将继续深化汉语、克罗地亚语语言文化教学和学生双向流动方面的合作，共同推动签署两国高等教育学历学位互认协议 | 克罗地亚 | 欧洲 |
| 19 | 2019.03 | 联合公报 | 语言、中文 | 中华人民共和国和意大利共和国关于加强全面战略伙伴关系的联合公报 | 双方愿深化教育领域的合作，希望扩大两国学习对方国家语言学生的数量，鼓励并支持两国高等教育机构加强交流与合作，开展高水平合作办学、高层次人才联合培养等等。双方支持在中国中学开展意大利语教学和在意大利中学开展中文教学 | 意大利 | 欧洲 |
| 20 | 2019.02 | 联合公报 | 孔子学院、孔子课堂 | 中国和加勒比建交国发布外交部间第七次磋商联合新闻公报 | 加方欢迎中方在加勒比国家设立孔子学院和孔子课堂 | | 拉美和加勒比国家 |

续表

| 序号 | 时间 | 类型 | 涉及主题 | 来源文件 | 内容摘编 | 外方国家名称 | 外方所属区域/组织 |
|---|---|---|---|---|---|---|---|
| 21 | 2018.12 | 联合声明 | 孔子学院、孔子课堂、语言、语言教学 | 中华人民共和国和葡萄牙共和国关于进一步加强全面战略伙伴关系的联合声明 | 双方肯定孔子学院及孔子课堂和卡蒙斯学院、葡萄牙东方学院在促进两国人民间的文化和语言传播方面发挥的重要作用。双方愿进一步密切教育特别是语言教学及教师和双语人才培训合作，增加教师和学生交流项目，推动两国青年交往 | 葡萄牙 | 欧洲 |
| 22 | 2018.11 | 联合声明 | 语言、中文 | 中华人民共和国和西班牙王国关于加强新时期全面战略伙伴关系的联合声明 | 双方将加强各自语言文化在双方各级教育体系中的双向推广，愿共同努力将西班牙语纳入中国教育体系，促进在华西班牙语教学，也愿在华开设中文教学。双方愿意以下领域推动中文语言教学发展。成更多合作共识：教师培训、教材编写、评估资源优化、语言考试证书互认等 | 西班牙 | 欧洲 |
| 23 | 2018.11 | 愿景展望 | 语言 | 中国—东盟战略伙伴关系2030年愿景 | 鼓励双方人文交流与合作，共创美好未来，继续在青年、文化、艺术和遗产等领域促进青年交流，提升相互理解，深化友谊，通过相关教育机构在各层级、不同领域为青年学者举办培训 | 东盟 |

续表

| 序号 | 时间 | 类型 | 涉及主题 | 来源文件 | 内容摘编 | 外方国家名称 | 外方所属区域/组织 |
|---|---|---|---|---|---|---|---|
| 24 | 2018.11 | 联合公报 | 汉语、汉语教学、孔子学院、孔子课堂、汉语奥林匹克竞赛 | 中俄总理第二十三次定期会晤联合公报 | 在汉语和俄语研究领域开展合作，巩固在中俄两国开展俄语和汉语教学的基础，将继续研究并完善《关于在俄罗斯联邦建立并运行孔子学院（课堂）和在中华人民共和国建立并运行俄语中心的谅解备忘录》，继续在协商一致的基础上互设孔子学院和俄语中心。继续支持在俄罗斯举办全俄中小学生汉语奥林匹克竞赛、在中国举办俄语奥林匹克竞赛 | 俄罗斯 | 欧洲 |
| 25 | 2018.11 | 联合声明 | 汉语课程 | 中华人民共和国和巴基斯坦伊斯兰共和国关于加强中巴全天候战略合作伙伴关系、打造新时代更紧密中巴命运共同体的联合声明 | 双方鼓励两国大学加强联系，包括开展联合学位和交流项目，推动中国高校开设更多巴基斯坦研究和乌尔都语课程，巴基斯坦高校开设更多汉语课程 | 巴基斯坦 | 亚洲 |
| 26 | 2018.11 | 联合声明 | 中文、语言 | 中华人民共和国和西班牙王国关于加强新时期全面战略伙伴关系的联合声明 | 双方将加强各自语言文化在双方各级教育体系中的双向推广，愿共同努力将西班牙语纳入中国教育体系，促进在华西班牙语教学，也愿在西班牙教育体系内促进中文语言教学发展 | 西班牙 | 欧洲 |

16

续表

| 序号 | 时间 | 类型 | 涉及主题 | 来源文件 | 内容摘编 | 外方国家名称 | 外方所属区域/组织 |
|---|---|---|---|---|---|---|---|
| 27 | 2018.09 | 会议纪要 | 孔子学院、孔子课堂、汉语桥、孔子学院奖学金、汉语教材、汉语教学、汉语课程、国民教育体系 | 中华人民共和国政府与马耳他共和国政府中期合作规划指导委员会首次会议纪要 | 双方赞赏马耳他大学孔子学院在促进中马两国教育、文化交流共同办好马耳他大学孔子学院、强调将继续发挥的重要作用，支持其开设孔子课堂。中方将继续通过"汉语桥"、夏令营、孔子学院奖学金等项目，以及帮助培养本土教师、提供汉语教材等方式，支持马方开展汉语教学。马方积极鼓励中小学开设汉语课程，支持将汉语教学纳入国民教育体系 | 马耳他 | 欧洲 |
| 28 | 2018.09 | 规划计划 | 孔子学院、孔子课堂、汉语教学、国民教育体系、汉语教师、汉语教材、孔子学院奖学金 | 中非合作论坛—北京行动计划（2019—2021年） | 中方将继续支持非洲现有孔子学院（课堂）发展，支持非洲符合条件的教育机构申办孔子学院（课堂），欢迎非洲各国将汉语教学纳入国民教育体系。中方愿通过派出汉语教师和志愿者、赠送孔子学院奖学金、提供汉语教材和教学材料、帮助培养本土汉语教师等多种方式，进一步支持非洲各国开展汉语教学 | | 非洲 |

续表

| 序号 | 时间 | 类型 | 涉及主题 | 来源文件 | 内容摘编 | 外方国家名称 | 外方所属区域/组织 |
|---|---|---|---|---|---|---|---|
| 29 | 2018.07 | 联合声明 | 语言 | 第五轮中德政府磋商联合声明 | 年轻人在国际交流项目框架内通过国际语言和文化的交流可获得宝贵经验，并获得劳动力市场所需的技能 | 德国 | 欧洲 |
| 30 | 2018.07 | 联合公报 | 孔子学院 | 中华人民共和国政府和保加利亚共和国政府联合公报 | 保方支持索非亚中国文化中心和孔子学院运作，中方欢迎保方在条件成熟时在华设立保加利亚文化中心 | 保加利亚 | 欧洲 |
| 31 | 2018.06 | 联合声明 | 汉语人才、汉语教师 | 中华人民共和国和尼泊尔联合声明 | 为促进尼旅游业发展，中方同意继续为尼方在当地培训旅游业汉语人才；尼方重申，将严格落实2014年尼教育部与中国驻尼使馆签订的谅解备忘录，为在尼汉语教师志愿者工作提供便利，特别是及时签发相应签证 | 尼泊尔 | 亚洲 |
| 32 | 2018.01 | 联合声明 | 语言 | 中华人民共和国和法兰西共和国联合声明 | 双方同意在互利基础上在教育、影视、语言等领域开展交流与合作 | 法国 | 欧洲 |
| 33 | 2017.12 | 联合公报 | 汉语人才 | 中华人民共和国和马尔代夫共和国联合新闻公报 | 中方愿为马培训更多汉语人才 | 马尔代夫 | 亚洲 |
| 34 | 2017.11 | 联合声明 | 孔子学院 | 中越联合声明 | 运营好河内大学孔子学院，推动河内中国文化中心、越中友谊宫尽早投入使用 | 越南 | 亚洲 |

续表

| 序号 | 时间 | 类型 | 涉及主题 | 来源文件 | 内容摘编 | 外方国家名称 | 外方所属区域/组织 |
|---|---|---|---|---|---|---|---|
| 35 | 2017.09 | 规划计划 | 汉语桥、孔子学院、孔子课堂、汉语教学、汉语教师 | 首轮中美社会和人文对话行动计划 | 继续实施"汉语桥万人来华研修项目"。美方推动孔子学院和孔子课堂在美发展。双方为中方派遣汉语教师和孔子课堂提供签证便利，实施合作培养培训美国本土汉语教师、办"孔子学院校友中国行"活动 | 美国 | 北美洲 |
| 36 | 2017.09 | 联合声明 | 汉语教学、孔子学院 | 中华人民共和国和塔吉克斯坦共和国关于进一步建立全面战略伙伴关系的联合声明 | 中方欢迎塔方学生来华学习，并愿为塔提供年度留学生名额，为塔优秀留学生提供中国政府奖学金，协助在塔办好汉语教学、孔子学院 | 塔吉克斯坦 | 亚洲 |
| 37 | 2017.07 | 联合声明 | 汉语 | 中华人民共和国和俄罗斯联邦关于进一步深化全面战略协作伙伴关系的联合声明 | 鼓励和支持高校开展合作，共同推动在华俄语研究和在俄汉语研究，致力于在2020年前将两国留学交流人员规模扩大到10万人 | 俄罗斯 | 欧洲 |
| 38 | 2017.05 | 联合声明 | 语言、中文 | 中华人民共和国和阿根廷共和国联合声明 | 相互提供更多学位和语言学金，推动中文和西班牙语在对方国家传播 | 阿根廷 | 南美洲 |
| 39 | 2017.05 | 规划计划 | 中文教学、孔子学院、孔子课堂 | 中国与老挝教育与体育部续签《2017—2019年教育合作计划》 | 中方愿意根据老方要求，对老挝的中文教学提供支持，包括合作建立老挝高等院校任教、派教师到老挝高等院校任教、提供教材等 | 老挝 | 亚洲 |

续表

| 序号 | 时间 | 类型 | 涉及主题 | 来源文件 | 内容摘编 | 外方国家名称 | 外方所属区域/组织 |
|---|---|---|---|---|---|---|---|
| 40 | 2017.05 | 联合声明 | 孔子学院 | 中华人民共和国和乌兹别克斯坦共和国关于进一步深化全面战略伙伴关系的联合声明 | 共同办好乌兹别克斯坦境内孔子学院 | 乌兹别克斯坦 | 亚洲 |
| 41 | 2017.04 | 联合声明 | 孔子学院 | 中华人民共和国和芬兰共和国关于建立和推进面向未来的新型合作伙伴关系的联合声明 | 双方认为孔子学院在深化两国人民相互了解与交流方面发挥了重要作用 | 芬兰 | 欧洲 |
| 42 | 2016.11 | 文件协议 | 汉语、汉语教学、孔子学院、孔子课堂 | 中国对拉美和加勒比政策文件 | 促进中拉教育领域交流、流动性研究项目以及教育部门和教育机构间合作。鼓励和支持汉语、英语、西班牙语、葡萄牙语等语言人才培养，支持拉美和加勒比国家推广汉语教学，继续推动孔子学院、孔子课堂建设和发展 |  | 拉美和加勒比国家 |
| 43 | 2016.11 | 联合公报 | 汉语 | 中俄总理第二十一次定期会晤联合公报 | 加大对汉语和俄语学习的支持力度，筹备好将汉语纳入俄罗斯中学国家统一考试科目 | 俄罗斯 | 欧洲 |

续表

| 序号 | 时间 | 类型 | 涉及主题 | 来源文件 | 内容摘编 | 外方国家名称 | 外方所属区域/组织 |
|---|---|---|---|---|---|---|---|
| 44 | 2016.10 | 联合声明 | 汉语、孔子学院、汉办、汉语教学 | 中华人民共和国和乌拉圭东岸共和国关于建立战略伙伴关系的联合声明 | 推进汉语和西班牙语教学具有重要意义，同意共同推动两国高校学生以及大学间加强交流，达成相关合作协议。乌方赞赏孔子学院（汉办）在汉语教学方面做工作，对乌拉圭和中国大学即将开设孔子学院表示欢迎 | 乌拉圭 | 南美洲 |
| 45 | 2016.10 | 联合声明 | 孔子学院 | 中华人民共和国和柬埔寨王国联合声明 | 柬方将继续为中国文化中心和孔子学院有效运转提供便利 | 柬埔寨 | 亚洲 |
| 46 | 2016.09 | 联合声明 | 语言、语言教学 | 中华人民共和国和白俄罗斯共和国关于建立相互信任、合作共赢的全面战略伙伴关系的联合声明 | 支持两国青少年学习对方国家语言，深化语言教学合作 | 白俄罗斯 | 欧洲 |
| 47 | 2016.09 | 联合公报 | 孔子学院 | 中华人民共和国和老挝人民民主共和国联合公报 | 老方将继续支持老挝中国文化中心、老挝国立大学孔子学院等机构运作，把两国友好带入基层 | 老挝 | 亚洲 |
| 48 | 2016.06 | 联合声明 | 孔子学院 | 中华人民共和国和乌兹别克斯坦共和国联合声明 | 共同办好在乌兹别克斯坦的孔子学院 | 乌兹别克斯坦 | 亚洲 |

续表

| 序号 | 时间 | 类型 | 涉及主题 | 来源文件 | 内容摘编 | 外方国家名称 | 外方所属区域/组织 |
|---|---|---|---|---|---|---|---|
| 49 | 2016.06 | 联合声明 | 中文、语言 | 第四轮中德政府磋商联合声明 | 德方支持中文成为联合国世界旅游组织官方语言；双方欢迎正在开展的"2016中德青少年交流年"，强调愿通过专门协议着重加强语言教育和电影业合作 | 德国 | 欧洲 |
| 50 | 2016.06 | 名录清单 | 中文、汉语桥、孔子学院奖学金、孔子学院、孔子课堂、汉语教师、新汉学计划 | 第八轮中美战略与经济对话框架下战略对话具体成果清单 | 美方将实施"百万强"计划，争取到2020年实现100万名美国学生学习中文的目标；继续实施"百千万"计划，2016至2020年，邀请100名美国青年领袖访华研学，促成双方各1000名优秀大学生到对方一流高校研学，每年公派1万人赴美学习研修；继续实施中方"汉语桥万人来华研修"项目，邀请美国中小学师生和师生来华参加校长团、夏令营，孔子学院奖学金、来华师资培训等项目；举办"汉语桥"美国学、美国学堂；继续推动孔子学院和课堂在美发展；继续推动与美国大学理事会和亚洲协会合作的汉语教师和志愿者、全美中文大会及其他项目的开展；继续推动新汉学计划实施 | 美国 | 北美洲 |

续表

| 序号 | 时间 | 类型 | 涉及主题 | 来源文件 | 内容摘编 | 外方国家名称 | 外方所属区域/组织 |
|---|---|---|---|---|---|---|---|
| 51 | 2016.05 | 联合声明 | 孔子学院、孔子学院奖学金、汉语教师 | 中华人民共和国和阿富汗伊斯兰共和国联合声明 | 中方将继续支持阿办好喀布尔大学孔子学院，通过提供孔子学院奖学金名额，帮助阿培养本土教师，中方派遣更多汉语教师和志愿者、赠送汉语教材和图书等方式支持阿开展汉语教学，中方愿考虑支持在赫拉特、马扎里沙里夫及其他双方商定的城市新建孔子学院 | 阿富汗 | 亚洲 |
| 52 | 2016.05 | 联合声明 | 孔子学院 | 中华人民共和国关于建立两国全面战略合作伙伴关系的联合声明 | 双方将共同建设好莫中文化中心和孔子学院，加强两国青年、智库、媒体交流 | 莫桑比克 | 非洲 |
| 53 | 2016.05 | 联合声明 | 孔子学院、汉语教学 | 中华人民共和国和摩洛哥王国关于建立两国战略伙伴关系的联合声明 | 继续支持教育合作，鼓励学生赴中、摩大学深造，努力提高孔子学院的教学能力，改善汉语教学水平，鼓励两国高校在联合科研等领域签署伙伴关系协议 | 摩洛哥 | 非洲 |
| 54 | 2016.04 | 联合声明 | 孔子学院 | 中华人民共和国和斯里兰卡民主社会主义共和国联合声明 | 双方将积极促进中国文化中心和孔子学院活动，增进两国人民相互了解和友谊。斯方对中方邀请斯里兰卡100名青年访华表示感谢 | 斯里兰卡 | 亚洲 |

续表

| 序号 | 时间 | 类型 | 涉及主题 | 来源文件 | 内容摘编 | 外方国家名称 | 外方所属区域/组织 |
|------|------|------|----------|----------|----------|--------------|------------------|
| 55 | 2016.03 | 名录清单 | 汉办 | 2016年中韩人文交流共同委员会交流合作项目名录 | 项目名称：教师交流<br>主办单位：中方 国家汉办 韩方 国立国际教育院 | 韩国 | 亚洲 |
| 56 | 2016.03 | 联合声明 | 汉语人才 | 中华人民共和国和尼泊尔联合声明 | 中方愿在未来5年为尼方在当地培训200名旅游业汉语人才 | 尼泊尔 | 亚洲 |
| 57 | 2016.01 | 规划计划 | 孔子学院、汉语 | 中华人民共和国和阿拉伯埃及共和国关于加强两国全面战略伙伴关系的五年实施纲要 | 埃方赞赏中国文化中心和孔子学院在促进两国文化、教育交流方面所起的重要作用，强调将继续为其履行职责提供支持，埃方期待得到更多埃及留学生赴华学习汉语的奖学金名额 | 埃及 | 非洲 |
| 58 | 2016.01 | 文件协议 | 汉语、汉语教师 | 中国对阿拉伯国家政策文件 | 加强在阿拉伯国家汉语办学，支持阿拉伯国家汉语教师培训计划 | | 阿拉伯国家 |
| 59 | 2015.11 | 规划计划 | 汉语、语言、汉学 | 中国—中东欧国家合作中期规划 | 鼓励汉语在中东欧国家教学，加强中东欧国家语言在华教学；鼓励和支持中方同中东欧国家汉学家之间的交流与联系 | | 中东欧 |
| 60 | 2015.09 | 联合声明 | 孔子学院、汉语教学 | 中华人民共和国和苏丹共和国关于建立战略伙伴关系的联合声明 | 中方愿为苏丹学生提供更多来华学习深造机会，支持苏丹孔子学院和汉语教学发展 | 苏丹 | 非洲 |

续表

| 序号 | 时间 | 类型 | 涉及主题 | 来源文件 | 内容摘编 | 外方国家名称 | 外方所属区域/组织 |
|---|---|---|---|---|---|---|---|
| 61 | 2015.06 | 文件协议 | 汉语、语言 | 中华人民共和国政府和法兰西共和国政府关于开展语言合作的协议 | 对两国今后在高等教育和基础教育领域推广汉语、法语语言教学,加强学生、教师、语言专家交流互派,开展语言水平考试合作等提供了政策性保障,并进行了全面规划和部署 | 法国 | 欧洲 |
| 62 | 2015.05 | 联合声明 | 语言教学 | 中华人民共和国政府和秘鲁共和国政府联合声明 | 同时决定进一步加强在航空领域的互联互通,并通过在教育、科研、青年交流、语言教学等领域保持密切合作,加强在社会领域的互联互通 | 秘鲁 | 南美洲 |
| 63 | 2015.05 | 联合声明 | 孔子学院、汉语教学 | 中华人民共和国政府和巴西联邦共和国政府联合声明 | 肯定孔子学院为巴西汉语教学和巴西教师为中国葡语教学作出的贡献。 | 巴西 | 南美洲 |
| 64 | 2015.05 | 联合声明 | 汉语教学、孔子学院 | 中华人民共和国关于进一步发展和深化全面战略伙伴关系的联合声明 | 中方愿继续为白俄罗斯优秀留学生提供中国政府奖学金,支持白俄罗斯扩大汉语教学规模,包括白俄罗斯国立技术大学等科技孔子学院 | 白俄罗斯 | 欧洲 |
| 65 | 2015.03 | 联合声明 | 孔子学院、汉语 | 中国印尼加强两国全面战略伙伴关系联合声明 | 印尼方积极评价孔子学院在汉语传播方面的重要作用,中方欢迎印尼方在北京和广州建立印尼研究中心 | 印度尼西亚 | 亚洲 |

续表

| 序号 | 时间 | 类型 | 涉及主题 | 来源文件 | 内容摘编 | 外方国家名称 | 外方所属区域/组织 |
|---|---|---|---|---|---|---|---|
| 66 | 2015.03 | 联合声明 | 语言、孔子学院 | 中华人民共和国和亚美尼亚共和国关于进一步发展和深化友好合作关系的联合声明 | 双方愿共同探讨联合办学，相互学习对方国家的语言，支持孔子学院在亚洲发展 | 亚美尼亚 | 亚洲 |
| 67 | 2015.01 | 规划计划 | 孔子学院、孔子课堂 | 中国与拉美和加勒比国家合作规划（2015—2019） | 继续推动拉美共同体成员国孔子学院/孔子课堂建设和发展 | | 拉美和加勒比国家 |
| 68 | 2014.12 | 联合声明 | 孔子学院 | 中华人民共和国和阿拉伯埃及共和国关于建立全面战略伙伴关系的联合声明 | 埃方赞赏中华文化中心和孔子学院在促进双方文化、教育交流方面所起的重要作用，强调将继续为其履行职责提供支持和便利 | 埃及 | 非洲 |
| 69 | 2014.11 | 联合声明 | 汉语教学 | 中华人民共和国和新西兰关于建立全面战略伙伴关系的联合声明 | 进一步深化教育领域合作，包括增加两国教育机构联系，通过提供奖学金项目等方式鼓励师生交流。在新西兰推广汉语教学，在共同关心的问题上加强合作和专业交流，为双方学历学位互认提供便利 | 新西兰 | 大洋洲 |
| 70 | 2014.11 | 纲领纲要 | 汉语教学 | 中墨关于推进全面战略伙伴关系行动纲要 | 加强汉语和西班牙语教学合作。研究继续增加汉语班西语奖学金名额，扩大青年交流 | 墨西哥 | 北美洲 |

续表

| 序号 | 时间 | 类型 | 涉及主题 | 来源文件 | 内容摘编 | 外方国家名称 | 外方所属区域/组织 |
|---|---|---|---|---|---|---|---|
| 71 | 2014.10 | 联合声明 | 汉语教学 | 中华人民共和国与阿富汗伊斯兰共和国关于深化战略合作伙伴关系的联合声明 | 中方将继续鼓励和支持阿学生来华学习,未来五年将通过各种渠道向阿方提供500个中国政府奖学金名额。中方将支持在阿开展汉语教学 | 阿富汗 | 亚洲 |
| 72 | 2014.10 | 联合声明 | 汉语教学 | 中华人民共和国政府和意大利共和国政府联合声明 | 双方在互利互惠和相互尊重对方国家相关法律法规的基础上,进一步推广在意汉语教学和在华意大利语交教学,扩大留学生交流规模 | 意大利 | 欧洲 |
| 73 | 2014.10 | 联合公报 | 汉语 | 中俄总理第十九次定期会晤联合公报 | 鼓励采取措施提高中国人学习俄语和俄罗斯人学习汉语的兴趣 | 俄罗斯 | 欧洲 |
| 74 | 2014.10 | 纲领纲要 | 语言、汉语教学 | 中德合作行动纲领:共塑创新 | 建立中德两国语言文化学术交流合作机制,以加强汉语和德语教学在对方国家的推广 | 德国 | 欧洲 |
| 75 | 2014.09 | 规划计划 | 孔子学院、汉语教学 | 中华人民共和国和斯里兰卡民主社会主义共和国关于深化战略合作伙伴关系的行动计划 | 中方将通过有关渠道向斯方提供更多奖学金名额,鼓励斯方学生来华学习。斯方支持孔子学院在斯开展汉语教学 | 斯里兰卡 | 亚洲 |
| 76 | 2014.09 | 联合公报 | 汉语 | 中华人民共和国和马尔代夫共和国联合新闻公报 | 中方愿通过多种渠道向马方提供更多政府奖学金名额,为马尔代夫公民学习汉语提供协助,在公务员培训方面向马开展合作 | 马尔代夫 | 亚洲 |

续表

| 序号 | 时间 | 类型 | 涉及主题 | 来源文件 | 内容摘编 | 外方国家名称 | 外方所属区域/组织 |
|---|---|---|---|---|---|---|---|
| 77 | 2014.09 | 联合宣言 | 孔子学院、汉语教学 | 中华人民共和国和塔吉克斯坦关于进一步发展和深化战略伙伴关系的联合宣言 | 中方愿意继续为塔吉克斯坦优秀留学生提供中国政府奖学金，帮助塔方培养各领域专业人才，并根据实际需要在塔吉克斯坦增设孔子学院，稳步扩大汉语教学规模 | 塔吉克斯坦 | 亚洲 |
| 78 | 2014.08 | 联合宣言 | 孔子学院、汉学、语言 | 中华人民共和国和蒙古国关于建立和发展全面战略伙伴关系的联合宣言 | 蒙方继续为蒙古国国立大学孔子学院、乌兰巴托中国文化中心开展活动提供支持；双方支持在本国发展汉字、蒙古学研究，将继续加强两国民族文化、语言、传统、历史、艺术、体育、传统医学领域交流合作 | 蒙古 | 亚洲 |
| 79 | 2014.08 | 联合宣言 | 汉语、汉语教师、汉语人才 | 中华人民共和国和乌兹别克斯坦共和国联合宣言 | 中方愿帮助乌方增强汉语教育，向乌方增派汉语教师，为乌方培训汉语人才 | 乌兹别克斯坦 | 亚洲 |
| 80 | 2014.07 | 联合声明 | 孔子学院、汉语教学 | 中国和巴西关于进一步深化中巴全面战略伙伴关系的联合声明 | 双方同意鼓励更多巴西学生来华学习和参与各类教学实习；双方强调通过既有渠道继续交换奖学金名额的重要性，鼓励孔子学院在巴汉语教学和巴西教师在华葡语教学活动 | 巴西 | 南美洲 |
| 81 | 2014.07 | 联合声明 | 孔子学院、孔子课堂 | 中国—拉美和加勒比国家领导人巴西利亚会晤联合声明 | 欢迎中国在拉美和加勒比地区开办和增设孔子学院和孔子课堂 |  | 拉美和加勒比国家 |

续表

| 序号 | 时间 | 类型 | 涉及主题 | 来源文件 | 内容摘编 | 外方国家名称 | 外方所属区域/组织 |
|---|---|---|---|---|---|---|---|
| 82 | 2014.06 | 联合声明 | 语言 | 中华人民共和国和希腊共和国关于深化全面战略伙伴关系的联合声明 | 两国致力于推动在对方高校加强彼此语言和文化教育，互派留学生 | 希腊 | 欧洲 |
| 83 | 2014.06 | 联合声明 | 汉语教学 | 中华人民共和国和大不列颠及北爱尔兰联合王国政府联合声明 | 双方高度重视高校和中小学合作，以及学生和科研人员交流，将进一步深化在高教、技术、职业和专业教育，科研，创新等领域合作，推进在华汉语教学和在华英语教学 | 英国 | 欧洲 |
| 84 | 2014.06 | 联合声明 | 语言 | 中华人民共和国与孟加拉人民共和国关于深化更加紧密的全面合作伙伴关系的联合声明 | 双方同意增加在中国语言、文化及人力资源培训等领域的交流与合作，孟方希望中方为孟公务员和外交官赴中国相关机构学习提供长期培训 | 孟加拉国 | 亚洲 |
| 85 | 2014.05 | 联合宣言 | 语言教学、语言 | 中华人民共和国和土库曼斯坦关于发展和深化战略伙伴关系的联合宣言 | 双方将加强互派留学生和语言教学方面的合作，为在本国推广对方国家语言提供便利。双方支持两国高校建立合作关系 | 土库曼斯坦 | 亚洲 |
| 86 | 2014.05 | 联合声明 | 孔子学院 | 中华人民共和国和埃塞俄比亚联邦民主共和国联合声明 | 双方重申密切两国青年、妇女、民间团体和学术机构的联系。埃塞亚欢迎中国设立孔子学院中心，在亚的斯亚贝巴大学设立孔子学院 | 埃塞俄比亚 | 非洲 |

续表

| 序号 | 时间 | 类型 | 涉及主题 | 来源文件 | 内容摘编 | 外方国家名称 | 外方所属区域/组织 |
|------|------|------|----------|----------|----------|--------------|-------------------|
| 87 | 2014.03 | 联合声明 | 语言、语言年 | 中华人民共和国和德意志联邦共和国关于建立全方位战略伙伴关系的联合声明 | 应继续鼓励两国人民学习对方国家语言，这也是 2013/2014 中德语言年的重点 | 德国 | 欧洲 |
| 88 | 2014.03 | 规划计划 | 中文国际班、汉语 | 中法关系中长期规划 | 落实 2014 年 3 月中国教育部和法国教育部签署的中法文国际班项目行政协议。共同办好"中国法文国际班"和"法国中文国际班"；支持汉语在法国和法语在中国的推广 | 法国 | 欧洲 |
| 89 | 2014.02 | 联合声明 | 语言、孔子学院、汉办、汉语教师 | 中华人民共和国和巴基斯坦伊斯兰共和国关于深化中巴战略与经济合作的联合声明 | 双方认识到语言在促进人文交流方面的重要作用，同意推动在巴基斯坦开设更多孔子学院。中国国家汉办今年将向巴派遣 60 名汉语教师并邀请 140 名巴汉语教师来华接受培训 | 巴基斯坦 | 亚洲 |
| 90 | 2014.02 | 联合声明 | 孔子学院、语言教学 | 中华人民共和国政府和匈牙利政府关于在新形势下深化双边合作的联合声明 | 双方欣慰地看到，在两国互设文化中心协议的基础上，匈牙利文化中心已在北京设立，匈牙利目前已有三所孔子学院，并且设立中国文化中心的筹备工作有助于深化两国人民的相互了解与交流。双方愿继续在教育、科技、青年交流、语言教学、旅游、地方政府交流等领域保持密切合作 | 匈牙利 | 欧洲 |

续表

| 序号 | 时间 | 类型 | 涉及主题 | 来源文件 | 内容摘编 | 外方国家名称 | 外方所属区域/组织 |
|---|---|---|---|---|---|---|---|
| 91 | 2014.01 | 联合公报 | 孔子学院 | 中华人民共和国和保加利亚共和国建立全面友好合作伙伴关系的联合公报 | 保方重申将继续对孔子学院工作予以支持，双方强调应深化两国民间交往和文化交流，夯实两国关系的社会基础 | 保加利亚 | 欧洲 |
| 92 | 2013.11 | 规划计划 | 汉语、语言 | 中欧合作 2020 战略规划 | 鼓励汉语在欧盟和欧盟国家语言在华教学 | | 欧盟 |
| 93 | 2013.10 | 联合声明 | 孔子学院 | 新时期深化中越全面战略合作的联合声明 | 双方同意在越建立孔子学院，并加快推动互设文化中心，切实加强中越友好宣传，深化两国国民之间的了解与友谊 | 越南 | 亚洲 |
| 94 | 2013.10 | 规划计划 | 孔子学院、孔子课堂 | 中泰关系发展远景规划 | 双方欢迎在泰增设孔子学院和孔子课堂 | 泰国 | 亚洲 |
| 95 | 2013.10 | 联合声明 | 汉语教学 | 中华人民共和国和文莱达鲁萨兰国联合声明 | 双方欢迎中方志愿者继续在文莱相关机构为文莱汉语教学、体育和医疗科学事业发展作出贡献 | 文莱 | 亚洲 |
| 96 | 2013.10 | 规划计划 | 语言培训 | 中印尼全面战略伙伴关系未来规划 | 两国元首同意推动两国高校和学术机构通过教师和学生交流以及结好等方式加强合作，为促进两国语言培训和文化交流发挥更大作用 | 印度尼西亚 | 亚洲 |

续表

| 序号 | 时间 | 类型 | 涉及主题 | 来源文件 | 内容摘编 | 外方国家名称 | 外方所属区域/组织 |
|---|---|---|---|---|---|---|---|
| 97 | 2013.09 | 联合声明 | 汉语教学 | 中阿关于深化战略合作伙伴关系的联合声明 | 中方将为阿富汗青年来华留学提供包括政府奖学金在内的便利,支持在阿富汗教学,鼓励两国高校开展校际交流 | 阿富汗 | 亚洲 |
| 98 | 2013.09 | 联合宣言 | 孔子学院 | 中华人民共和国和吉尔吉斯共和国关于建立战略伙伴关系的联合宣言 | 吉方支持中方在奥什开设的孔子学院,并将提供积极协助 | 吉尔吉斯斯坦 | 亚洲 |
| 99 | 2013.09 | 联合宣言 | 孔子学院 | 中华人民共和国和乌兹别克斯坦共和国关于进一步发展和深化战略伙伴关系的联合宣言 | 双方决定在撒马尔罕设立孔子学院 | 乌兹别克斯坦 | 亚洲 |
| 100 | 2013.09 | 联合宣言 | 语言教学 | 中华人民共和国和土库曼斯坦关于建立战略伙伴关系的联合宣言 | 双方将继续扩大教育领域合作,加强在互派留学生、语言教学等方面的合作 | 土库曼斯坦 | 亚洲 |
| 101 | 2013.08 | 联合声明 | 汉语课程 | 中华人民共和国和塞尔维亚共和国关于深化战略伙伴关系的联合声明 | 中方支持塞方在中小学开设汉语课程,将继续提供全面帮助 | 塞尔维亚 | 欧洲 |
| 102 | 2013.07 | 联合声明 | 汉语教学、孔子学院 | 中华人民共和国和白俄罗斯关于建立全面战略伙伴关系的联合声明 | 中方欢迎更多白方学生来华学习,支持在白俄罗斯推广汉语教学,办好孔子学院 | 白俄罗斯 | 欧洲 |

续表

| 序号 | 时间 | 类型 | 涉及主题 | 来源文件 | 内容摘编 | 外方国家名称 | 外方所属区域/组织 |
|---|---|---|---|---|---|---|---|
| 103 | 2013.07 | 愿景展望 | 孔子学院 | 关于新时期深化中巴战略合作伙伴关系的共同展望 | 中巴丰富的文化遗产形成的共同价值观具有永恒持久的意义，同意在巴建设更多孔子学院 | 巴基斯坦 | 亚洲 |
| 104 | 2013.06 | 联合声明 | 汉语教学 | 中华人民共和国和墨西哥合众国联合声明 | 两国政府将重点加强包括西班牙语和汉语教学在内的教育交流 | 墨西哥 | 北美洲 |
| 105 | 2013.05 | 联合声明 | 汉语教学、汉语教师、孔子学院 | 中华人民共和国和巴基斯坦伊斯兰共和国关于深化两国全面战略合作的联合声明 | 中方支持巴方推广汉语教学的努力，将在5年内为巴基斯坦培训1000名汉语教师。巴方支持在卡拉奇大学设立孔子学院，并逐步扩大在巴孔子学院建设 | 巴基斯坦 | 亚洲 |
| 106 | 2013.05 | 联合宣言 | 汉语教学、孔子学院 | 中华人民共和国和塔吉克斯坦共和国关于建立战略伙伴关系的联合宣言 | 扩大在塔汉语教学规模，办好孔子学院 | 塔吉克斯坦 | 亚洲 |
| 107 | 2013.05 | 联合声明 | 语言教学 | 中华人民共和国政府同希腊共和国政府联合声明 | 双方愿继续在教育、科研、青年交流、语言教学等领域保持密切沟通与合作 | 希腊 | 欧洲 |
| 108 | 2013.03 | 联合公报 | 孔子学院、汉语培训 | 中华人民共和国和南非共和国联合公报 | 中方欢迎和支持南方申办孔子学院，加强汉语培训 | 南非 | 非洲 |

# 第二章

## 精心培育中外语言文化重要节庆品牌项目

语言是人类最重要的思维工具和交流工具，是民族和国家的标志。没有语言，就没有民族、国家，就没有社会的发展。因此，语言文字之于人类、之于民族、之于国家、之于社会，其重要性无论怎么说都不过分。欧洲近代新兴民族国家的建立过程，都德《最后一课》所反映的历史，以及两德统一、苏联解体、乌克兰危机等政治生态变化，无不证明这一点。（沈阳，2015）

语言与文化历来是一个民族、一个国家的"魂"，是一个民族、一个国家文明的标志。语言则是文化的载体与根基。中国是一个文明古国，她既有光辉灿烂而又神奇深邃的古老文化，又有各民族交织、中外交融的现代文化。关于语言的功用，人们常说，语言是人类最重要的交际工具，语言是思维的物质外壳，语言是记录和传承人类文化的主要载体。然而在当今社会，语言还成为社会的重要资源，更成为国家软实力的重要组成部分。从促进国际交流与合作来说，语言也起着积极作用。"一带一路"建设需要语言铺路搭桥，语言互通是"五通"的基础。任何外语教学，包括国际中文教育在内，教员在教授某种语言、学生在学习某种语言的同时，实际上也在进行情感交流，以及文化和价值观上的沟通。（陆俭明，2022）

实际上，很多国家都较早认识到保护、传承、推广本国语言的重要性，采取的主要措施有：设立专业机构，颁布专门法令，设立重要语言节日，举办特色项目，等等。国际语言传播机构已经有140年历史。1883年成立的法语联盟被公认为第一个国际语言传播机构，此后各国相继建立语言传播机构，向外传播语言与文化。国际上习惯称其为"文化机构"或"国家文化机构"，认为是"具有公开使命的国家机构，其任务是在其国界之外展示和促进国家（或成员国家）的民族文化和／或语言发展"。中国通常称其为"语言传播机构""语言文化推广机构"等，突显其语言传播职能，国际上这类机构有260余个，为40多个国家（地区）所拥有（李宇明、唐培兰，2022）。

本文拟梳理国际上的重要语言节庆或纪念活动，描述发展脉络，探究使命意识，梳理价值意义，旨在为举办中文国际性节庆活动提供借鉴，为中外语言文化交流互鉴提供可行性建议。

## 一、国际母语日、联合国语文日和国际语言年

### （一）国际母语日

国际母语日定于每年的 2 月 21 日，旨在促进语言和文化的多样性，其缘由与二十世纪四五十年代孟加拉国人民争取孟加拉语地位的"孟加拉语言运动"紧密相关。

孟加拉国历史悠久，孟加拉语属于印欧语系的印度雅利安语族，独立存在 800 多年，泰戈尔就是以孟加拉语写作享誉文坛。英国的殖民统治，使孟加拉语处于被排斥地位。1947 年南亚次大陆分治时，获得独立的巴基斯坦在地理上分成东西两翼。西翼主要讲乌尔都语，东翼主要讲孟加拉语。当时中央政府的主要政治和军事权力都由西翼执掌，并将乌尔都语作为国语。东翼孟加拉国人民非常不满，要求把孟加拉语并列作为国语。抗议过程中，1952 年 2 月 21 日发生了流血事件。此后，抗议集会和游行示威继续进行，经过多年抗议争取，巴政府终于在 1956 年 2 月将孟加拉语并列作为国语。1998 年，一位孟加拉裔的加拿大人给时任联合国秘书长的安南写信，信中阐述了世界语言面临的紧迫形势，呼吁联合国设立语言日，对世界语言进行保护。1999 年 11 月，联合国教科文组织宣布，从 2000 年起，将每年的 2 月 21 日定为"国际母语日"。之所以选在这一天，就是为了纪念曾在"孟加拉语言运动"中为争取语言平等而牺牲生命的学生们。联合国教科文组织设立"国际母语日"，能够帮助人们了解世界各民族母语文化的现状，增强人们的语言保护意识，推动语言及文化的多元发展，加深人们对语言传统及文化传统的认识，进一步促进世界各国人民的对话、理解和团结（林良光，1984）。

### （二）联合国语文日

2010 年，联合国新闻部为联合国 6 种官方语言分别建立了语文日。联合国语文日旨在庆贺多种语文的使用和文化多样性，促进 6 种正式语文在联合国的平等使用。在这一倡议下，世界各地的联合国工作地点都会举办 6 次庆贺活动，以纪念每一种联合国工作语言。其中，新闻部将联合国中文日定在农历二十四节气之"谷雨"，以纪念"中华文字始祖"仓颉造字的贡献。多年来，联合国中文日已经成为人们了解中华文化的一个窗口。每年的中文日前后，纽约联合国总部都会推出一系列丰富多彩的活动，内容涵盖画展、中文学习论坛、专题讲座、时尚与传统戏曲展等。此外，联合国在日内瓦、曼谷、内罗毕、维也纳的办事处，以及其他一些联合国机构也会举办展览、讲座、趣味知识测验等活动，以彰显中文和中华文化的魅力。

其他联合国语文日有：2 月 9 日国际希腊语日（希腊诗人迪奥尼西奥斯·索洛莫斯逝世日），3 月 20 日法文日（法语组织成立纪念日），4 月 23 日英文日（莎士比亚诞辰与逝世日），4 月 23 日西班牙文日（塞万提斯逝世日），6 月 6 日俄文日（普希金诞辰日），12 月 18 日阿拉伯文日（联大于 1973 年 12 月 18 日决定将阿拉伯文列为正式工作语言之一）。另外，很多国家和区域组织也利用语文日、语文周形式推动语言交流和传承，比如：9 月 26 日欧洲语言日（由欧洲议会于 2001 年发起，旨在倡导欧洲人学习欧洲语言，以促进欧洲国家间的跨文化交流），9 月第 2 个星期六的德语日（由德国德语协会在 2001 年发起，旨在建立并牢固一种语言意识，防止或减少对外来词，特别是多余的英语表达方式不加批判的使用以及英语和德语的混乱使用），10 月第 3 周的意大利语言文化周（诞生于 2001 年，由意大利外交部和秕糠学会共同发起，其间会围绕意大利语举办系列推广活动）。

## （三）国际语言年

为突出语言多样性对促进文化多样性及国际间相互理解的重要意义，2007 年第 61 届联合国大会通过决议，宣布 2008 年为"国际语言年"，希望以此促进世界语言和文化的多样性，增进各国人民之间的相互理解。决议强调，联合国的 6 种官方语言都具有同等的重要性，必须在联合国的信息发布过程中得到恰当的使用，以便消除英语和其他 5 种官方语言在使用程度上的差异。

语言是了解一个国家最好的钥匙，中国政府历来重视中外语言交流合作，通过与俄罗斯、法国、德国、西班牙等国家互办语言年开展了大量富有成效的语言学习、文化交流活动，为中外文明互鉴作出了重要贡献。表 2-1 是部分国家语言年启动时间及相关情况的汇总表。

表 2-1　部分国家语言年启动时间及相关情况的汇总表

| 序号 | 国别 | 语言年 | 启动时间 | 揭幕政要 | |
|---|---|---|---|---|---|
| | | | | 中方 | 外方 |
| 1 | 中国 | 俄语年 | 2009 年 3 月 | 国务委员刘延东 | 俄罗斯副总理茹科夫 |
| 2 | 俄罗斯 | 汉语年 | 2010 年 3 月 | 国家副主席习近平 | 俄罗斯总理普京 |
| 3 | 西班牙 | 汉语年 | 2010 年 4 月 | 教育部副部长郝平 | 西班牙教育大臣安赫尔·加维隆多 |
| 4 | 中国 | 法语年 | 2011 年 9 月 | 国务委员刘延东 | 法国国务部长兼外交与欧洲事务部长阿兰·朱佩 |
| 5 | 法国 | 汉语年 | 2011 年 7 月 | 中共中央政治局常委贺国强 | 法国前总统德斯坦 |
| 6 | 德国 | 中德语言年 | 2013 年 5 月 | 国务院总理李克强 | 德国总理默克尔 |

习近平在俄罗斯"汉语年"开幕式上的致辞中指出,"中俄两国各领域合作不断扩大和深化,世代和平友好的理念更加深入人心。在这样的大背景下双方共同举办俄罗斯汉语年,必将进一步增进两国人民的相互了解和传统友谊,夯实中俄友谊的社会基础"。李克强在中德工商界午餐会发表演讲时强调,"中德都有着灿烂的文化,两国人民心心相通。昨天我与默克尔总理共同宣布'中德语言年'开幕,语言是不同国家和人民进行沟通的媒介,推进两国语言文化交流是中德友好的固本工程,将为两国培养更多的'中国通'和'德国通',使两国人民更好实现心灵的沟通。"

## 二、提高国际组织官方语言中文的使用率

国际协会联盟(UIA)2020 年 12 月发布的"国际组织年鉴在线"数据库显示:全球各类政府和非政府非营利组织超过 7.5 万个,国际组织的 10 大官方语言除阿拉伯语外全是欧洲语言,英语在国际组织中的使用率约占 88%,排名第二的是法语(使用率占 44%),德语和西班牙语使用率占 20%～30%;联合国 6 种官方语言使用率降序排列依次为英语、法语、西班牙语、阿拉伯语、俄语和中文,中文使用率不到 1%。随着中国综合国力的日益增强,提高国际影响力需要推动国际组织大幅提高官方语言中文的使用率。

联合国世界旅游组织和西班牙政府通报,自 2021 年 1 月 25 日起,中文正式成为联合国世界旅游组织官方语言。联合国世界旅游组织是全球最具影响力的政府间国际旅游组织,现有 159 个成员国,总部设在西班牙马德里,西班牙为其存约国,中国于 1983 年加入该组织。2021 年 10 月 4 日,国际航空运输协会在第 77 届年会上宣布,将修订国际航协章程的语言条款,在原有英语、法语、西班牙语和阿拉伯语的基础上,增加中文作为官方语言。中文成为 76 年来国际航协章程语言条款中唯一增加的语言。国际航协创建于 1945 年,是世界范围内的非政府组织,现拥有会员航空公司约 290 家,遍布

全球 130 多个国家和地区。在全球定期国际航空运输中，国际航协的会员航空公司承担了 98% 的业务量。联合国世界旅游组织和国际航协将中文纳为官方语言，提高了中文在两个国际组织中的使用地位和使用比例，有利于中国在全球国际旅游、航运事务中发挥更加积极的作用，更好地分享发展经验和机遇。

## 三、全力打造"国际中文日"品牌项目

中文是世界上最古老、最丰富、最美丽的语言之一，也是世界上使用人数最多的语言之一。截至 2021 年底，全球已有 76 个国家将中文纳入国民教育体系，全球 4000 多所大学、3 万多所中小学、4.5 万多所华文学校和培训机构开设了中文课程，中国以外累计学习和使用中文的人数达 2 亿。随着我国加快对外开放进程，中国与世界的连接愈加紧密，中外交流合作持续深化，中文的实用价值和文化价值不断提升，全球范围内的"中文热"持续升温，为全球范围内形成设立"国际中文日"的共识奠定了坚实基础。事实上，设立国际性语言节日，是增进语言认同、保持语言活力、提升语言影响力的国际惯例和重要举措。

国际中文日的设立为各国民众搭建了一个周期性、仪式化体验和亲近中文的平台（孔佳，2021），使全球中文学习者、爱好者、使用者值此同庆，切实提升中文和中华文化的吸引力和影响力，通过多种途径推动我国同各国的人文交流和民心相通，促进世界文化的多样性，促进不同文明和谐相处，促进多元文明交流互鉴。

推动"国际中文日"从理念到行动的路径与方略可以概括为以下四个方面。

### （一）打造品牌，形成系列

"国际中文日"品牌打造和项目推广已具有坚实的基础。2020 年，教育部中外语言交流合作中心在借鉴"国际法语日""世界俄语日"等语文日做法

的基础上，以"联合国中文日"为契机，联合中文联盟首次开展"国际中文日"庆祝活动。2021年国际中文日活动主题为"中文：创造无限机遇"，60多个国家举办教学创新接力、中文机遇、中文驱动等主题庆祝活动，吸引上千万人次参加。2022年"国际中文日"活动以"中文：共筑美好未来"为主题，初步形成了品牌引领和项目序列：基于交流互鉴理念推动全球中文爱好者、学习者形成共识，推出丰富多彩的线上活动，推介《国际中文教育中文水平等级标准》等系列新标准，展播"1+2"精品教材等新资源，展示"中文＋职业教育"、中文工坊等新品牌，联合推出《开讲啦》中文日特别节目等。其间各国驻外使领馆、中文教育机构、中外高校、企业、协会等300余家机构组织中文课程、中华文化讲座、文学和电影对话、中文演讲比赛、中文知识趣味竞赛等活动，这一系列精彩纷呈的活动掀起了全球庆祝"国际中文日"的热潮。

### （二）政府引领，民间参与

建议外交部、教育部、中国联合国教科文组织全国委员会秘书处、中国常驻联合国教科文组织代表团等，探索与联合国教科文组织合作，对接联合国全球传播部等部门，由中国政府宣布，或提供呼吁举办"国际中文日"有关事项的申请，提交联合国教科文执行局会议并经全体大会认可，以便联合国有关部门在举办中文日或重大语言交流活动时，能够与中国政府倡议举办的"国际中文日"在理念和活动安排上相呼应。

教育部中外语言交流合作中心作为统筹推进国际中文教育的专业公益教育机构，可就举办"国际中文日"进行探索谋划，如在联合国中文日发表设立"国际中文日"的全球倡议，举办系列启动仪式，开展线上线下、国内国外各式各样的庆祝活动，形成示范带动效应。

各国中文教育机构、院校、组织可在"国际中文日"通过举办中文教学和中华文化体验活动，提升活动的参与度和感染力。

### （三）语言为主，形式多元

语言是文化的载体，创新推出多语种中文动画片、宣介片、纪录片，开发系列中文教学示范课、短视频，帮助海外中文学习者、爱好者感受和体验中文之美。具体形式可根据不同类型、地域、对象等进行创新，比如：

（1）注重创新形式，尤其是面向"Z世代"，通过设计和推出网络化、数字化、人工智能化的在线活动方式，提高中文的亲和力，增强泛在的节日传播效应。

（2）举办各级各类中文书法、唱歌、作文等赛事，以及美食体验、武术展演、茶艺交流、戏曲弹唱等中华文化活动，激发中文爱好者的兴趣。

（3）注重名人示范效应，推出中文形象大使，注重发挥国外政要、汉学家、知名人士（如联合国前秘书长潘基文、泰国公主诗琳通、滑雪运动员谷爱凌等）作用，共同讲好中文故事，传播好中文声音，提高中文的美誉度。

### （四）形成合力，多点开花

充分发挥中方院校的国际中文教育办学主体作用，利用院校在学科专业、人才培养、理论研究等方面的专业优势，通过承办各级各类中文教育项目和外方合作伙伴共同开展本土化、特色化庆祝活动。

教育部中外语言交流合作中心通过创新设计和统筹规划，利用国际中文教师、教材、考试、奖学金、"汉语桥"、"新汉学"等各类中文教育优势资源和品牌项目为中外各方提供专门支持。从"国际中文日"活动内容上看，各主办方在举办中文教学体验、研讨交流等活动的同时，根据各个国家（区域）的不同文化背景，有针对性地开展体育、电影、书画、舞蹈、戏曲等丰富多彩的赛事、展演活动，以"国际中文日"为桥梁，让海外华侨和国外当地居民感受到汉字的魅力、中文的趣味，激发其学习中文和了解中华文化的兴趣，以此向世界阐释并推介更多具有中国特色、体现中国精神、蕴藏中国智慧的优秀文化。

中文是中华文明的重要载体，中文是我们与世界沟通的桥梁。国际母语日、联合国语文日、国际语言年等重大语言节日，为设立"国际中文日"提供了可资借鉴的丰富经验，为相关理念落地奠定了坚实基础。"国际中文日"的创新实践必将推动中外语言文化交流实现多样化、高质量发展，为世界文明互鉴和民心相通注入新活力、新动力。

# 第三章

## 创新中国书法国际传播的路径与策略

近代以来，在西方强势话语权之下，中华文化国际传播始终处于劣势或被动的地位，"走出去"的成功范例更是屈指可数，而西方文化如交响乐、芭蕾舞、歌剧、油画等在中国的传播却越来越广泛和深入。当前，随着中国国际影响力持续提升，更多国家和民众希望了解中华文化。习近平主席在给中国文联中国作协成立 70 周年的贺信中指出："文学、戏剧、电影、电视、音乐、舞蹈、美术、摄影、书法、曲艺、杂技、民间文艺、文艺评论等都取得了丰硕成果，弘扬了民族精神和时代精神，为实现国家富强、社会进步、人民幸福作出了十分重要的贡献。"中国的书法、绘画、音乐、武术、中医、曲艺、棋类等优秀传统文化，肩负着"走出去"互通交融的新使命，但"如何走"是摆在大家面前的一道难题，"坚守"与"迎合"更是一对矛盾。

书法是中华文化的重要组成部分，甚至被熊秉明先生称为"中华文化核心的核心"，在 2009 年被列入"人类非物质文化遗产代表作名录"。《中华人民共和国国民经济和社会发展第十四个五年规划和 2035 年远景目标纲要》指出，要加强对外文化交流和多层次文明对话，创新推进国际传播，建设中文传播平台，构建中国语言文化全球传播体系和国际中文教育标准体系。将中国书法所蕴含的中华传统文化精髓向各国讲清楚、阐释好，为增强中国的文化软实力增加浓墨重彩的一笔，是中国书法界同人所肩负的必然使命。中国书法作为汉字的书写艺术，是中华民族最具代表性的文化标识之一。讲述好中国故事，展示好中华文化独特魅力，推动中国语言文化全球传播，中国书法大有可为。新时期中国书法的国际传播应努力做好路径创新。

## 一、中国书法国际传播的重要意义

作为"六艺"之一，书法是一门技能，而且具有教育功能，对陶冶一个人的思想情操或者修身养性具有重要意义。西汉文学家扬雄说："言，心声也；书，心画也。"清代刘熙载也说："笔墨性情，皆以其人之性情为本。"明末项穆在《书法雅言》中说："论书如论相，观书如观人。"联合国前秘书长潘基文先生曾讲道："中国书法带来心境平和，来自不同国家的人们被一个不属于他们自己的文化传统所深深吸引，书法为相互欣赏和相互理解建立了桥梁。"[1] 中国书法是讲求"和"的艺术，通过笔墨的畅和来追求个人的完善及人与人之间的和谐。中国书法对于充分展现中华文化的精神追求具有重要意义，这至少体现在三个方面。

## （一）追求"和"的至高境界

汉蔡邕强调："夫书肇于自然，自然既立，阴阳生焉，阴阳既生，形势出矣。"中国古代书法一直崇尚"自然"，避免过多的"人工"，追求天人合一。用笔用墨及结体章法讲求虚实、动静、刚柔、粗细、方圆、曲直、疏密、浓淡、疾涩、欹正的有节奏变化，达到违而不犯、和而不同的境界。唐孙过庭在《书谱》中说："又一时而书，有乖有合。合则流媚，乖则雕疏。略言其由，各有其五：神怡务闲，一合也；感惠徇知，二合也；时和气润，三合也；纸墨相发，四和也；偶然欲书，五合也。心遽体留，一乖也；意违势屈，二乖也；风燥日炎，三乖也；纸墨不称，四乖也；情怠手阑，五乖也。乖合之际，优劣互差。得时不如得器，得器不如得志。若五乖同萃，思遏手蒙；五合交臻，神融笔畅。畅无不适，蒙无所从。""五乖五合"说，揭示了书法创作中"心""物""境"三方面的相互联系，唯有三者和合才能达到神融笔畅。中国书法从"形而上"和"形而下"两个层面，要求书写者秉持"中""和"的原则。中国书法虽流派众多、风格迥异，但始终是兼收并蓄，包容共生，这与多元文化、和谐共荣的精神是相通的。中国书法在陶冶个人情操之余，重在以书会友、增进交流。

---

[1] 出自联合国前秘书长潘基文在 2021 年 1 月 10 日"企盼和平——联合国官员中国书法展"上的致辞。

## （二）追求书品与人品的统一

儒学是中华文化与中国哲学的主体，儒家伦理道德对书法理论及实践均具有重大的指导意义。中国书法一贯追求书品与人品的高度统一，最典型的例子就是颜真卿。唐德宗贞元元年，颜真卿明知不可为而为之，以七十四岁高龄，抱着必死的决心，奉旨到叛军营中招降。面对叛将的威胁恫吓，大义凛然，慷慨赴死，名垂千古。颜氏在唐朝虽为一代大家，但获得至高的艺术地位还是从宋代开始，宋人尤推崇其道德人品。欧阳修说："颜公书如忠臣烈士，道德君子，其端严尊重，人初见而畏之，然愈久而愈可爱也。"苏东坡称赞颜字："诗至于杜子美，文至于韩退之，书至于颜鲁公。"颜真卿身上所体现出的道德与艺术的统一，最终奠定了颜体在书法史上不朽的地位，并影响了后世黄道周、倪元璐、傅山、朱耷等艺术家。反之，有蔡京因人品败坏而被排除在宋四家"苏黄米蔡（襄）"之外，更有奸相秦桧残害忠良、祸国殃民而无缘命名"宋体字"。这足见中国书法追求的不仅仅是书写技巧的提高，更是人格和修养的提升。

## （三）追求书写内容的真善美

中国书法是汉字的书写艺术，在书法创作、教学、交流过程中，离不开对汉字的识读和讲解，它天然是语言、文化、艺术的统一体。汉字是一种表意文字，篆隶楷行草五种书体中，尤其是甲骨文、金文、籀文等所具有的突出的象形性，即使西方人也会感到一种远古的契合。汉字作为中国书法的书写载体，书写内容多追求雅致、真淳，故能入书者多为历代经典诗词歌赋、名言警句，例如：人生哲理之"厚德载物""自强不息""富贵不能淫，贫贱不能移，威武不能屈"，自然景观之"惠风和畅""云白风清，兰芳桂馥""遥天千里淡如水，明月一轮光满楼"，文化艺术之"思逸神超""书贵瘦硬方通神""出新意于法度之中，寄妙理于豪放之外"，祝词贺词之"仁者寿""美意延年""但愿人长久，千里共婵娟"，等等。中国书法，不仅仅是形式上的笔精墨妙，书写内容更是体现了中华民族乐观、谦虚、坚忍等特点和对人生所寄托的美好祝愿。

法国学者柯乃柏指出："中国人作为人类的重要成员，情感丰富，对生老病死有深切的感受，并试图通过书法这种艺术的方式，来获得一种灵魂上的交流，因此书法是生命的艺术，是文化的表达。在未来的岁月中，中国书法会显示出更重要的国际文化传播和交流的意义。"（王岳川，2007）文明因交流而多彩，在人类命运共同体理念下，书法在内的中外语言文化交流合作具有现实需求，要通过深入开展国际交流合作加强交流互鉴、增进相互理解、发展长久友谊。

## 二、西方研究视域下书法国际传播

关于西方对中国书法的认识、了解，郑瑞在博士论文《20世纪西方之中国书法收藏、展览和研究》及其与王仙锦合著的论文《西方中国书法研究之滥觞》中有比较翔实的梳理，并进行分期阐释，大体可以分为以下几类。

### （一）关于书法史、书画文献的介绍

1882年翟斯理在《历史上的中国及其他概述》《古文选珍》《中国绘画史导论》等书中，向西方介绍了中国的书法及其对书法的见解和评判。夏德于1905年出版的《收藏家笔记摘录》可以视作一部介绍中国书画文献的工具书。

### （二）关于书法艺术审美、艺术价值的探讨

美国学者福开森的《中国艺术巡礼》《中国艺术综览》、英国汉学家亚瑟·卫利的《中国绘画研究导言》等书，已经对中国书法的艺术风格、审美进行了初步的探讨。1935年，德里斯科等人所著的《中国书法》向西方深入介绍了中国书法的"势"、结构和艺术价值。

值得注意的是，随着西方对中国书法的了解和认识不断加深，欧洲在1925年、1926年、1929年和1932年举办了四次包含书法艺术作品的中国艺术展。后来戴维德爵士（Sir Percival David）也在伦敦组织了"中国艺术国际展览会"，大规模地展出了包括北京故宫博物院和世界各地收藏的中国艺术

珍品，其中精美绝伦的中国书画艺术在英国乃至整个西方世界引起了轰动，改变了西方社会认为中国是"一个没有艺术的国度"的偏见。

### （三）关于书法的专题性深入研究

荷兰汉学家高罗佩对米芾、陆时化、周嘉胄等中国书画家的研究备受瞩目，其代表性著作为《书画鉴赏汇编》。

有关书法的其他代表性研究成果有：德国汉学家雷德侯的博士论文《清代的篆书》与《米芾和中国书法的古典传统》，柏林东方博物馆馆长 Adele Schlombs 的博士论文《怀素及中国书法中的狂草的诞生》，美国学者 Peter C. Sturman 的《米芾与宋代书风》、卢慧纹的《一种新的皇朝书风——北魏洛阳地区石刻书法研究》、傅申的《黄庭坚的书法及其赠张大同卷——一件流放中书写的杰作》、Christian F. Murck 的《祝允明和苏州地区对文化的承诺》、Steve J. Goldberg 的《初唐的宫廷书法》、王妙莲的《鲜于枢的书法及其 1299 所书〈御史箴〉卷》、Amy McNari 的《中国书法风格中的政治性：颜真卿和宋代文人》、朱惠良的《钟繇传统：宋代书法发展中的一个关键》、Adriana G. Proser 的《道德的象征：汉代中国的书法和官吏》、白谦慎的《傅山和十七世纪中国书法的变迁》、王柏华的《苏轼的书法艺术及其〈寒食帖〉》、Alan Gordon Atkinson 的《按九曲度新声——王铎的艺术与生平》与《王铎草书线条的意义》、金红男的《周亮工及其〈读画录〉十七世纪中国的赞助人、批评家与画家》、李慧闻的《董其昌生平（1555—1636）：政治和艺术的交互影响》等。

### （四）关于中国学者在西方对书法艺术的推介

这一阶段中国有识之士在向西方传播书法艺术方面作出了巨大努力。作为开创者代表的蒋彝，自 1935 年起就开始在伦敦大学东方学院等英美高校从事中华文化艺术的对外传播工作，1938 年用英文出版了《中国书法》《中国艺术之我见》等著作。二十世纪六七十年代，熊秉明于 1968 年开始在巴黎大学东方语言文化学院中文系教授书法，并撰写了《中国书法理论体系》。90 年代以后，陈振濂、邱振中、王冬龄、朱青生等大批学者，更广泛地将中国书法带到西方世界的舞台上。

## 三、中国书法国际传播的路径探究

近年来，孔子学院日益成为中华文化"走出去"的重要平台和知名品牌，是开展中外人文交流的重要渠道。全球孔子学院开展了大量中文教学和文化活动，中国书法日益成为这些活动中的亮点，受到国外各类学员和民众的广泛欢迎。孔子学院具有覆盖面大、学员层次多、文化活动受众广等特点，开拓性地开展了大量丰富多彩的活动，其中书法教学和文化活动成效最为显著。很多外国学员正是通过接触书法，对中华文化产生了浓厚兴趣，进而想要主动了解中国。可见中国书法在海外传播仍需进一步发挥孔子学院的作用。

### （一）全球孔子学院书法教学活动概貌

#### 1. 书法师资需求旺盛

各国对中文师资书法特长的需求旺盛。在选派中文教师时，各国孔子学院在招聘条件中对岗位特长也会作出明确要求，其中书法特长需求最旺。以原孔子学院总部在 2016 年 3 月发布的外派教师招聘简章为例，年度教师岗位共招 1189 人，岗位需求合计 604 项，其中明确提出书法特长需求的有 320 项，占总数的 53%；年度志愿者教师岗位共招 4902 人，岗位需求合计 532 项，其中明确提出书法特长需求的有 382 项，占总数的 72%。与其他艺术门类相比，书法岗位需求比例最高（其他如民族乐器需求占 70%，舞蹈 68%，武术 60%，绘画 57%，摄影 46%）。

目前，中文师资的专业方向高度集中，主要有三大类，其中外语类占 36%，中文占 28%，汉语国际教育占 18%。而艺术类专业中文师资比例仅占总数的 2.4%。有书法特长的非书法专业中文教师，是孔子学院书法教学和文化活动的主力。有书法特长的中文师资严重不足问题也决定了孔子学院书法教学活动的阶段性特点，即以短期选修和体验课为主。

孔子学院在选派国际中文教师时，对书法的相关要求贯穿于选、培、派、管各环节。书法是教师和志愿者岗前培训的重要内容，是中华才艺的重要组成部分。培训大纲明确规定"中华文化传播能力"等四个模块总计300课时，中华才艺占24课时，可从书法、国画、中国结、剪纸、太极、武术、中国舞蹈等课程中选修三门。其中，书法是选择率最高、最受欢迎的课程。

目前，各国孔子学院的书法教师岗位需求旺盛，一般由具有书法特长的语言教师担任，书法专业师资非常紧缺：一方面是因为书法专业教师的外语和语言能力不占优势，另一方面是由于尚未与艺术院校建立专门的选拔合作机制。目前的书法师资主要依靠岗前、岗中培训，最大化地满足书法普及、体验等基本需求，但对于深入的书法学术研究、高端的学术交流、专业的书法策展等需求，现仍缺少高端的专业艺术人才。

2. 书法海外教材短缺

国内优秀书法教材被纳入赠书、售书范围，为各国中文教学机构开展书法教学提供了基础教材保障。目前，海外通用的书法教材共计11套，主要为英文版本。在各类出版社中，五洲传播出版社十分注重书法教材的外译工作，其书法教材被译为5种外文版本行销海外。海外通行的书法教材详见表3-1。

表3-1　海外书法教材一览表

| 序号 | 作者与教材名称 | 出版社 | 版本 |
|---|---|---|---|
| 1 | 王家新《书法碑帖临摹范本挂图》 | 人民教育出版社 | 英语 |
| 2 | 陈廷佑《新版人文中国书系：中国书法》 | 五洲传播出版社 | 法语、西班牙语、阿拉伯语、日语、英语 |
| 3 | 高长山《中国传统书画鉴赏系列：中国历代书法》 | 五洲传播出版社 | 西班牙语、法语 |

续表

| 序号 | 作者与教材名称 | 出版社 | 版本 |
|------|------|------|------|
| 4 | 孔子学院总部/国家汉办《中国欢迎你·学书法·水墨画（修订版）》 | 高等教育出版社 | 英语 |
| 5 | 钱晓鸣《欧阳中石谈书法》 | 中国青年出版社 | 中文 |
| 6 | 韩家鳌《学习中国书法》 | 北京大学出版社 | 英语 |
| 7 | 楚丹《中国红·书法》 | 黄山书社 | 英语 |
| 8 | 张公者《当代中国书法（画册）》 | 五洲传播出版社 | 英语 |
| 9 | 曾凡静《我的中文小故事14：中国书法》 | 北京大学出版社 | 英语 |
| 10 | 杨新立《动手学系列：中国书法》 | 外文出版社 | 英语 |
| 11 | 周斌《风调雨顺》 | 华东师范大学出版社 | 英语 |

　　另外，各地孔子学院也根据自身需求和特色自主编写和出版了书法教材，代表性的书法教材有 7 套，详见表 3-2。

表 3-2　各国孔子学院编写/出版的书法教材一览表

| 序号 | 教材名称 | 机构 | 版本 |
|------|------|------|------|
| 1 | 《赵宏书法篆刻艺术》 | 美国费佛尔大学孔子学院 | 英语 |
| 2 | 《汉字与书法课本、练习册》 | 美国密歇根大学孔子学院 | 英语 |
| 3 | 《大自然的回响——唐诗和书法》 | 法国普瓦提埃大学孔子学院 | 法语 |
| 4 | 《书法教程》 | 加拿大埃德蒙顿孔子学院 | 英语 |
| 5 | 《中国书法艺术和硬笔书法指导》 | 罗马尼亚克鲁日孔子学院 | 英语 |
| 6 | 《中国书法》 | 泰国宋卡王子大学孔子学院 | 泰语 |
| 7 | 《汉字书法艺术》 | 肯尼亚内罗毕大学孔子学院 | 英语-斯瓦希里语 |

整体而言，海外书法教材的研发和编写尚处于起步阶段。国内面向国人的书法理论类、实践类教材和读物数量充足，充分考虑了受众的层次和水平，书法学习者可以借鉴的教材很多。但对于海外书法教学而言，适用教材和读物较为短缺，学术性史论类、翻译类著述较多，书法实操类教学指导教材少，缺少一些难度适中、图文并茂、体验与讲解相融合的适需教材。同时，书法课程标准和教学大纲的缺失，也造成很多海外书法教师无据可依，他们往往根据自身经验设置课程内容，这在一定程度上影响了海外书法课程的系统性和科学性。

3. 书法活动广受欢迎

全球孔子学院每年举办各类文化活动数万场，受众覆盖上千万人，书法教学和活动成为最受各国学生欢迎的项目之一。潘基文、诗琳通等一大批外国政要书法粉丝对中国书法海外推广起到了很好的宣传和助推作用。表3-3以2015年欧洲地区孔子学院的交流材料为例，通过各孔子学院开展的书法教学和各项书法活动，透视海外书法教学和文化活动的情况。

表 3-3    2015 年欧洲地区孔子学院书法教学或活动统计

| 序号 | 国家 | 机构 | 书法教学或活动内容 | 形式 |
|---|---|---|---|---|
| 1 | 爱尔兰 | 都柏林大学孔子学院 | 继续开设各级别汉语课程以及汉语角、中国书法、中国绘画、太极等文化课程，注册学员 240 人次 | 课程 |
| 2 | 爱尔兰 | 科克大学孔子学院 | 参加当地领养机构组织的迎中国新年书法展示活动，观众人数达到 500 人 | 体验 |
| 3 | 奥地利 | 格拉茨大学孔子学院 | 孔子学院作为唯一参与活动的华人团体，参加了格拉茨商会举行的以文化融合为主题的活动，在舞台上为 300 余名与会者现场展示中国书法 | 体验 |

| 序号 | 国家 | 机构 | 书法教学或活动内容 | 形式 |
|---|---|---|---|---|
| 4 | 白俄罗斯 | 白俄罗斯国立大学共和国汉学孔子学院 | 10月，中国传统文化系列公开课，包括书法、剪纸、茶艺及中国美食活动 | 课程 |
| 5 | 白俄罗斯 | 白俄罗斯国立技术大学科技孔子学院 | 科技孔子学院举行了中国茶艺、书法展示、围棋教学等活动 | 体验 |
| 6 | 白俄罗斯 | 明斯克国立语言大学孔子学院 | 文化中心每周有三天开展各式各样的文化活动，内容包括"你不知道的中国""中国茶艺""中国书法"等 | 体验 |
| 7 | 保加利亚 | 索菲亚孔子学院 | 孔子学院日在索菲亚市中心的公园里搭起5个帐篷，举办了中保大型文艺联欢、中国传统书法讲座、中国茶文化体验等活动 | 讲座 |
| 8 | 比利时 | 布鲁塞尔孔子学院 | 有书法、烹饪教学及太极拳等文化课程 | 课程 |
| 9 | 比利时 | 列日孔子学院 | 开设晚班成年书法课，共68课时，学员6人 | 课程 |
| 10 | 比利时 | 西弗兰德大学学院孔子学院 | 自1月14日开始，每周举办一次中国书法体验课，由孔子学院中外方院长共同主持 | 课程 |
| 11 | 波兰 | 奥波莱孔子学院 | 孔子学院日活动分书法、茶艺、游戏和太极等主题，吸引了大批奥波莱市民热情参与 | 体验 |
| 12 | 波兰 | 克拉科夫孔子学院 | 共组织124场文化活动，包括中华文化之夜，书法、中国诗歌鉴赏会，中国电影放映之夜等 | 体验 |
| 13 | 波兰 | 密茨凯维奇大学孔子学院 | 共举办讲座、书法、武术、剪纸、体验中华饮食文化等各类活动53场次，1.5万位波兰朋友亲身体验了中华文化 | 体验 |

续表

| 序号 | 国家 | 机构 | 书法教学或活动内容 | 形式 |
|---|---|---|---|---|
| 14 | 丹麦 | 奥尔堡大学"创新学习"孔子学院 | 孔子学院在市中心奥尔堡图书总馆大厅举办主场庆祝活动，活动内容包括历年来深受欢迎的书法对联体验 | 体验 |
| 15 | 德国 | 埃尔福特应用科技大学孔子学院 | 开设中国书法绘画和风水课程等中华文化课程 | 课程 |
| 16 | 德国 | 柏林自由大学孔子学院 | 以面向德国本土汉语教师的师资培训课程为辅弼，以彰显中华文化特色的书法绘画课程为补充 | 课程 |
| 17 | 德国 | 杜塞尔多夫大学孔子学院 | 新开了书法进阶班和国画班，文化课程日益丰富 | 课程 |
| 18 | 德国 | 不来梅孔子学院 | 全年开设文化课20次，课程类型多样、形式丰富，包括旅游课、书法课、厨艺课等 | 课程 |
| 19 | 德国 | 弗莱堡大学孔子学院 | 孔子学院每季度均开设书法课，圣诞节前还专设中国手工体验课 | 课程 |
| 20 | 德国 | 汉堡大学孔子学院 | 除常规汉语课程外，孔子学院还利用豫园茶楼的场地优势，开设了茶艺、古琴、书法课程 | 课程 |
| 鉴于篇幅此处省去第21～99项 | | | | |
| 100 | 英国 | 伦敦大学孔子学院 | 邀请书法老师王一迪举办中国书画欣赏系列讲座 | 展览 |
| 101 | 英国 | 伦敦大学金史密斯舞蹈和表演孔子学院 | 在全英十余所大中小学开展了20余场语言、舞蹈、武术、舞狮、书法等多姿多彩的汉语与文化体验课 | 体验 |
| 102 | 英国 | 曼彻斯特大学孔子学院 | 开设书法初级课程，共20课时，注册学员10人 | 课程 |

| 序号 | 国家 | 机构 | 书法教学或活动内容 | 形式 |
|------|------|------|------------------|------|
| 103 | 英国 | 诺丁汉大学孔子学院 | 应邀为诺丁汉大学研究生中心举办书法工作坊活动 | 体验 |
| 104 | 英国 | 谢菲尔德大学孔子学院 | 为社区开展书法演练等活动 | 体验 |
| 105 | 英国 | 知山大学孔子学院 | 开设各种类别和层次的书法课程 | 课程 |
| 106 | 英国 | 纽卡斯尔大学孔子学院 | 开设的晚班课、暑期汉语课和书法课继续面向社会招生 | 课程 |
| 107 | 英国 | 赫瑞·瓦特大学苏格兰商务与交流孔子学院 | 介绍中国书法与绘画知识及技巧，教授学生学写中国书法和学画中国水墨画，共24课时，注册学员11人 | 课程 |

从欧洲155所孔子学院的年度交流材料中可见，明确举办书法相关教学和文化活动的共有107所，占69%。其中，各类别书法课程或活动占总数的比例情况如下：书法课程占41%，书法体验活动占40%，书法展览和赛事占13%，书法讲座占6%。综上可见，在这些孔子学院里，开设书法课程和举办书法体验活动是主要形式，而讲座、展览、赛事等形式相对较少。书法课程主要是选修课，面向社区和中小学生等各个层次；书法活动以体验为主，受众面大但层次相对较低；书法展览（共8场）的层次和水平较高。

2015年9月，俄罗斯莫斯科国立语言大学孔子学院举办的"中国汉字与书法：历史与演变"书法作品国际巡展，由中国人民对外友好协会、河南省安阳市人民政府、中国文字博物馆、北京外国语大学、莫斯科国立语言大学联合主办，来自中国的言恭达、韦斯琴、胡秋萍、聂成文、刘颜涛等代表中国书法较高水准的书法家进行了现场创作。汉字与书法国际巡展先后在20多个国家和地区展出，在各地引起了热烈反响。

这些书法课程和活动，立足本土，内容丰富，形式多样。其中既有针对中小学生的入门体验课程，也有针对成人的专业高端展览；既有面向大中小学生和广大社区民众的选修课程，也有针对大学生的学分课程；既有单独的课程设置，也有与茶艺、绘画、古琴、围棋等科目的融合课程。书法通过其独特的笔情墨致，以及抽象线条背后熔铸的独特民族性特点，日益在中外人文交流中发挥重要作用。

### （二）以孔子学院个案为例谈书法国际传播路径

上海交通大学周斌教授在《中国书法文化国际传播的理论与实践研究》一书中，以比利时西弗兰德大学孔子学院的中国书法跨文化传播实践为例，对中国书法国际传播进行了有益探讨，就中国书法的国际传播路径提出以下四点建议。

一是打造中西方教师、学者、专家相融合的传者阵容。以西弗兰德大学孔子学院为例，传播过程中的传者数量较少。从过往经历来看，整体传播行为由一名中国教师、两名当地知名专家以及志愿者共同进行，传者的数量较少。从全球化背景下的书法跨文化传播来讲，需要着重培养具有扎实书法教学功底、丰富书法文化背景的书法传者；同时结合不同地域受众对书法传播语言的需求，传者需要不断调整教学媒介语、内容输出形式，来应对多文化背景、多语言环境、多年龄范围的多元受众需求。为尽可能提升传播效果，需在传播内容上做充分准备。比如，引入书法名作展览、书法名家宣讲等活动，促进学者、专家与书法传者团队的沟通交流，不断提升传者综合素养，丰富传播手段。值得注意的是，本土教师、学者、专家因思维方式、语言等方面的优势，在书法的本土文化传播中，很容易被本地受众接受，可以有效实现两级传播甚至多级传播，能够进一步推动书法艺术的跨文化传播，增强中华书法文化的全球影响力。

二是基于受众的文化差异打造品牌化传播内容。以西弗兰德大学孔子学院为例，其受众的国籍较为多样，具有多文化观念、多地域背景特色。这种情况同样存在于全球范围内的其他孔子学院，孔子学院受众覆盖范围更广，因此受众对中国书法和中华文化的理解与中国受众之间存在较大差异，同时不同地域和国家受众的书法文化理解也存在较大差异。对此，在书法跨文化传播内容的准备过程中，需要充分考虑不同受众在文化价值观、艺术审美、对文化符号解读等方面的差异。西方受众在接受信息传播时更容易接受与之共有的低语境，因此在传播过程中需要注重文化的导入和相似语境下的符号解码，针对不同文化背景、地域、国家的不同受众实现"因材施教"，为受众提供可选择、易接受的不同传播内容版本。以中国书法文化为代表的中华文化要想在国际环境中传播，传播内容和形式就不能千篇一律，可以通过对目标受众关于价值观、语言文化特色和对异质文化的接受程度进行预调查和追踪调查，不断调整传播内容、活动和方案等，才能保证传播效果的提升。

三是开拓多形式、多种类传播渠道。随着互联网和多媒体的发展，最大限度、最高效协调传播渠道，才能实现传播效率的最大化。在现代媒介背景下，中国书法的跨文化传播需要采取多渠道、多平台、多维度相结合的综合方式。就西弗兰德大学孔子学院书法传播媒介使用情况来看，海报、宣传手册、官网等传统媒介是主要媒介方式，再结合部分新媒体传播手段，这种媒介使用方式基本可满足目前的受众需求。但为进一步扩大受众覆盖面，还应增加社交媒体的曝光度并建立受众专属社群，增强与受众间的线上互动和交流。中国书法的跨文化传播需要积极利用国际社交媒体，在主流社交平台（如 Facebook、YouTube 等）上进行图文或视频内容的输出，进行灵活的选择和投放，实现书法与中华文化、西方文化的交融和跨界互通，增强与受众的互动，进一步扩大传播范围。

四是建立评估反馈机制，重视数据收集整理。西弗兰德大学孔子学院的自我定位与受众反馈较为一致，但随着跨文化传播的深入推进，我们需要思考如何更有效地进行传播。这需要在传者和受众之间建立效果评估和反馈机制：从传播主体而言，我们要从宏观和微观角度进行双向评估，将评估标准精细化；从传播效果而言，我们要综合运用质化和量化双重标准进行评估，重视受众反馈，建立长效反馈机制。在书法的跨文化传播过程中，我们同样要注重传播数据的收集和整理。数据作为传播过程中的重要资源，包含了与传播内容、传播媒介、传播受众及反馈相关的全部综合信息，因此需逐步建立数字化信息系统，进而实现传播的信息化和数字化，不断进行传播内容、方式等的动态调整，改变跨文化传播的固有形式，驱动书法跨文化传播的优化升级。

## 四、中国书法国际传播的对策建议

### （一）发挥书法传播主渠道作用

一是发挥中国书法家协会的引领作用。中国书法家协会于 1981 年成立，现有 40 个团体会员和 1.5 万多名个人会员，设有国际交流委员会、新闻出版传媒委员会等 13 个专门委员会，在引领书法对外交流等方面取得了长足进展。如何更好地服务中华文化海外传播，中国书法家协会需加强顶层设计与总体规划，进一步发挥统筹作用，建立健全书法海外传播交流机制，推动国内院校书法学科建设和专项人才培养，推进通识教育进度，与联合国教科文组织及其他国家或地区艺术机构、组织建立联系、开展合作，为各级各类国际书法交流提供资源支持和政策保障。

二是发挥国家艺术基金推动作用。国家艺术基金于 2013 年成立，致力于资助艺术创作生产、传播交流推广和艺术人才培养，取得了显著的资助效益和社会影响。根据国家艺术基金统计，2022 年度项目申报主体正式提交的项目数量为 10 978 项，申请资助总额约 67 亿元，其中传播交流推广项目申报942 项，占申报总量的 8.6%。在传播交流推广的项目申报中，书法是重要内容之一。未来我们应持续加大国家艺术基金的指挥棒作用，开展书法传播专业人才培养、专项交流计划，尤其是重点支持"一带一路"沿线国家开展书法交流推广项目。

三是发挥各类"走出去"平台的作用。随着中国综合国力的增强,各国民众学习中文、了解中国的需求与日俱增。海外文化中心、孔子学院、华文学校、阳光学校、中国国际学校以及各类中文教学点已成为海外传播中国语言文化的重要平台,其中书法成为广受欢迎的重要课程和中华文化名片。这些平台面向广大社区民众、在校学生开展了大量体验式书法传播活动,寓教于乐地让外国朋友接触汉字和书法,现已成为吸引各国民众了解中华文化的引子、媒介和推手。

### (二)增强书法传播能力建设

一是发挥院校书法传播主体作用。高校有开展国际交流合作等基本职能,中国书画、篆刻是中外文化交流合作的重要内容。中国有 200 多所高校开设了书法学科教育专业,其中承办孔子学院的就有北京大学、中国人民大学、北京师范大学、华东师范大学、北京语言大学等 50 多所院校。日、韩、德、法、美等国很多高校都有开展中国书法研究的传统和基础。面对海外高校对中国书法教学的需求,研究制定海外书法教学和传播活动相关标准及指南,加大书法教师选派力度,编写适用的书法教材,开展书法教法研究,为海外教育机构提供高质量的书法资源支撑,这均有赖于中方高校发挥书法学科、人才储备、智力支持等方面的主体作用。

二是支持书法本土内生发展。当代以来,在蒋彝、王方宇、方闻、傅申、毕来德、雷德侯、柯乃柏等中外学者的努力下,中国书法在西方的传播空间得到了极大拓展。美国哥伦比亚大学、英国伦敦大学、德国海德堡大学、瑞士日内瓦大学等国外书法传播重镇,均是中国书法在各国本土发展的重要示范基地。今后我们宜通过加大奖学金项目支持力度,拓展汉学项目范围,积极招收各国有志留学生来华攻读书法专业,加大对各国书法篆刻人才培养和活动举办的支持力度,提升海外书法学研究水平,培养更多通晓中国书法的汉学家朋友。

三是利用国际书法名人效应。如来自韩国的联合国第八任秘书长潘基文先生痴迷中国书法，多次在外交场合用中国书法的形式来阐释他的东方智慧与哲学思想。荣获中国"友谊勋章"的泰国公主诗琳通，在泰国掀起"中华文化热"，经常用书法表达对中泰友好的祝福。近年来在中国走红的俄罗斯青年偶像、"汉语桥"冠军大卫，高中时就喜欢上了中国书法，在华留学10多年，经常用不同书体展示对中华文化的热爱，立志成为中俄文化交流的使者。书法起到了增进各国人民交流、促进世界和平发展的桥梁作用。

### （三）创新书法传播形式

一是借助互联网、新媒体的传播优势。随着新科技革命的发展，当下互联网线上书法展览和赛事交流成为重要传播渠道，线上线下相结合的传播形式已成为新常态。考虑到书法教学、展览和传播的特殊需要和实际效果，以及"Z世代"人群的接受特征，未来要充分发挥互联网、新媒体的独特优势，把握新传播规律，促进多渠道传播、多平台展示、多终端交流，注重打造网站、手机客户端和微信公众号等线上立体多维传播方式，扩大书法传播的覆盖面。

二是积极打造书法网红节目。借鉴中国诗词大会的成功经验，中央广播电视总台与中国书法家协会将开展全方位、多层次合作，推动建设书法艺术类专家智库、特色书法艺术字库，策划书法文化类精品节目产品和打造书法类国际品牌活动等，例如重点打造了大型书法文化类季播电视节目《中国书法大会》，该节目深入挖掘书法文化，全景展现源远流长的汉字发展史、博大精深的中国书法史，形象地表达了中华文化蕴含的思想和精神力量，充分彰显了中华民族的文化自信。

三是办好书法传播品牌活动。近年来，中国书法协会发起或参与的"汉字之美——中国书法展""中国书法环球行""国际书法交流大展"等活动成为书法走向世界的知名品牌，发挥了重要引领、辐射作用。同时，面对各国民众对中国语言文化的更多关注，还需积极利用联合国中文日、国际中文日、中国春节等重大节庆契机，在全球各地因地制宜地面向华人华侨子女、外国学生、汉学家等各级各类群体，举办"汉语桥"品牌书法赛事及相关活动，让外国朋友讲述书法故事，感受中国书法和中华文化的博大精深。

## （四）提升书法国际影响力

一是运用好中国书法文化元素。书法是中华文化的一张闪亮名片，尤其是应充分利用奥运会、博览会、服贸会、电影节等重大赛会和展览等时机，创造性利用中国汉字、书法、篆刻、中国画等传统文化元素，展示中华文化的博大精深和独特魅力，巧妙设计和弘扬富有中国精神的系列文创产品。另外，在中国影视产品、各类招牌、出口商品标识、出版、演艺以及国礼设计和制作等方面注重融入书法元素，赋予书法新的生命力和文化内涵。

二是推动书法走向世界舞台。2008 年北京奥运会和 2022 年北京冬奥会就是成功的实践案例，展现了中华文化魅力，彰显了新时代中国精神。奥运会专用的艺术字体成为推动奥运形象景观设计的重要视觉元素，可以更好展示举办国文化特征。2008 年北京奥运会会徽就是一方鲜艳的中国书法印——"京"，形象地展现了运动健儿的身姿，让全球领略到中国书法生动奔腾的独特魅力。2022 年冬奥会会徽设计仍然体现了汉字书法创意，以"冬"字为灵感来源，运用中国书法舞动的艺术造型，将滑道和运动员形态巧妙融入"冬"字的设计中。冬奥会项目图标结合汉字篆刻艺术进行提炼设计，突显汉字的形象动感造型，可谓是形神兼备。国家代表团出场顺序除希腊（奥林匹克发源地）、意大利（下届东道主）和中国（本届东道主）外，均依据代表团名称的第一个汉字笔画及笔顺排列。在北京大学、中央美术学院文字研究专家、书法家指导下，设计团队还开发了一套北京冬奥会专用艺术字体，该字体融合了魏碑与行书字形笔画特征，同时结合会徽和赛会印鉴图形特征，呼应西文字体设计，突出魏碑书法之坚实有力、刀笔相生，转折部分展现了冰雪运动的力量与速度，并增加了书写感和现代感，做到了以字之形展冬奥气韵。冬奥会专用字体以汉字书写诠释对冬奥精神内涵的理解，向全世界展示了中国体育精神、文化魅力，展现了自然之美、人文之美与运动之美。

书法是中国的，也是世界的。在推动中华民族伟大复兴的历史进程中，中国书法大有可为、未来可期。如何打造和而不同、美美与共、互学互鉴的有效交流模式，推动中国书法海外传播的高质量发展，是摆在我们面前的一项重大课题。我们有理由相信，中国书法凭借其"和而不同"的笔墨呈现，以及"美美与共"的深厚中华文化底蕴，必将直挂云帆通四海。

# 第四章

# 国外语言文化推广机构运作机制研究

党的十九届五中全会审议通过的《中共中央关于制定国民经济和社会发展第十四个五年规划和 2035 年远景目标的建议》就"十四五"时期"繁荣发展文化事业和文化产业，提高国家文化软实力"作出了系统阐述，明确要求"以讲好中国故事为着力点，创新推进国际传播，加强对外文化交流和多层次文明对话"，并提出到 2035 年建成文化强国的战略目标[①]。习近平主席 2019 年 5 月 15 日在亚洲文明对话大会开幕式上发表主旨演讲时指出："一切生命有机体都需要新陈代谢，否则生命就会停止。文明也是一样，如果长期自我封闭，必将走向衰落。交流互鉴是文明发展的本质要求。只有同其他文明交流互鉴、取长补短，才能保持旺盛生命活力。"[②]

目前，国际上 40 多个国家开设了语言文化传播机构，有 260 多个。国际语言文化传播机构的历史也有 140 多年，其中部分"老牌"语言文化传播机构已成为本国开展本民族语言教学、提升国家文化软实力和推动公共外交的重要力量和知名品牌，在长期的管理运行中形成了高效的运作机制、独具特色和影响力的品牌项目。为了更好地开展中外语言交流合作，积极借鉴国外知名语言文化推广机构管理运行经验，做好国际中文教育工作，下面以法语联盟基金会、英国文化教育协会、西班牙塞万提斯学院等为例，围绕各自办学宗旨、管理运行、资金来源、主要项目、发展规模等进行梳理、总结，并指出中国语言文化传播机构可从中借鉴之处。

## 一、法语联盟基金会

### （一）办学宗旨

法语联盟成立于 1883 年，至今已有 139 年的历史，创建者包括凡尔纳、巴斯德、塞尚、莫奈、左拉、雷诺阿、高更等众多大家耳熟能详的文化名流，

---

① 参见:《中华人民共和国国民经济和社会发展第十四个五年规划和 2035 年远景目标纲要》，中华人民共和国中央人民政府网，https://www.gov.cn/xinwen/2021-03/13/content_5592681.htm。

② 参见:《习近平在亚洲文明对话大会开幕式上的主旨演讲》，中国人大网，http://www.npc.gov.cn/zgrdw/npc/xinwen/syxw/2019-05/15/content_2087219.htm。

被公认为第一个国际语言文化传播机构，是全球最大的法国语言文化推广机构。从戴高乐总统开始，历任法国总统都担任过法语联盟名誉主席。2006 年为了加强各地法语联盟的交流联系，满足法国文化外交需要，以及便于资金筹措，法国在巴黎法语联盟国际部基础上筹建了法语联盟基金会，启动资金为 3560 万欧元。

法语联盟基金会章程强调，基金会延续法语联盟理念：一是在全球范围内推广法语教学和法语使用；二是提升法国在精神层面的影响力并激发人们对法语文化的兴趣；三是促进不同文化的交流，为文化多元化繁荣作出贡献。法语联盟基金会主要职责包括：负责法语联盟的授权冠名和撤销，保护和推广法语联盟品牌；为法语联盟运作团队和董事会成员提供运行建议与专业知识；组织国家、区域或全球会议，推动全球法语联盟成员之间的交流合作；根据统一标准对法语联盟提供的教学服务实施监督评估，保持法语联盟行动的整体一致性以及法语联盟品牌在世界上的影响力。

## （二）管理运行

法语联盟基金会是全球法语联盟的总部，负责制定并指导全球法语联盟的发展规划，积极吸引社会各界捐赠资助，提供办学质量管理建议和专业服务，提高法语联盟在全球的品牌影响力。法语联盟任何新成员的加入和冠名均需得到基金会的认可授权，每一所新注册的法语联盟新成员的章程都须经过基金会审核，才能获得商标使用权。章程内容必须符合推广法语和法语区文化的总体纲领和使命。

根据法语联盟基金会组织章程，基金会理事会成员共 17 人，由 5 个成员团组成：2 名创始人（主要来自巴黎大区法语联盟和巴黎蓝带学院）、3 个法定机构代表（法兰西学院终身秘书、法语国家及地区国际组织秘书长、法国文化中心主任）、6 名法语联盟代表（墨西哥法语联盟主席、墨尔本法语联盟主席、夏威夷法语联盟主席、利马法语联盟主席、巴西利卡法语联盟主席、约翰内斯堡法语联盟主席）、4 名资深人士（包括大学校长、法国著名媒体及出版界人士等）、2 名政府专员（来自外交部、内政部）。理事会成员每三年一个任期，可连任一次。理事会每年至少召开两次会议，讨论基金会及法语联盟网络重要议题。

法语联盟基金会下设理事会办公室，理事会办公室由 5 人构成：1 名理事长、1 名副理事长、1 名副理事长兼财务主管、1 名秘书、1 名成员。

法语联盟基金会下设管理委员会，由秘书长负责基金会日常管理运行。根据 2020 年 12 月官方发布的信息，管理委员会由 9 人组成，包括秘书长、助理，以及品牌和数据管理宣传与推广、行政与财务、非洲－印度洋－亚洲－大洋洲部、北美－中亚－欧洲部、法国－拉美－加勒比－北非－中东部、法语联盟 3.0 项目部等业务部门的成员。

法语联盟基金会主要与法国外交部和法国文化中心两个机构进行深度合作。法语联盟基金会自 2019 年开始与法国外交部合作，继续深化与其在人力资源领域的合作，将外交部人员借调至法语联盟工作。2020 年法国外交部共投入 3620 万欧元。法语联盟基金会自 2019 年开始与法国文化中心合作，旨在支持法语联盟发展、培养师资、提高法语联盟办学质量及品牌推广。

## （三）资金来源

法语联盟基金会积极筹措资金，保障法语联盟正常运转。资金来源主要有三部分：一是法国政府财政补贴，主要通过外交部对基金会及各地法语联盟进行赞助，文化部、教育部等也通过项目合作进行支持。其中，法国外交部承担部分法语联盟基金会派驻各地总代表或负责人的工资，并将其纳入外交部人员编制。二是企业、基金会或个人捐助，法语联盟常年与很多世界知名企业保持良好合作关系，为企业输送法语人才，实现学员、企业和自身共赢。各类基金会和教会组织也是赞助的重要来源。三是自身运营收入。这是基金会资金来源的主要部分，包括教学、考试、派遣教师、出版及教学资源等收入，其中教学收入占主体。

法语联盟基金会及各地网络具有较为完善的资金筹措、预决算、评估监督等机制，满足自身正常运行。2019 年，法语联盟总收入 1005 万欧元，营收主要来自经营收入和投资收入；法语联盟各地分支机构总收入 2.16 亿欧元，其中教学收入 1.74 亿欧元，占 80.6%；法国外交部、法国文化中心补贴和其他公共补贴占 4.2%。据法语联盟基金会统计，2019 年各地法语联盟自给率达 95.8%。2020 年，受新冠疫情影响，法语联盟总收入降为 234 万欧元，主要来自经营收入、投资收入及其他收入；法语联盟总支出为 2917 万欧元，其中包含一笔特殊支出——捐建价值 2719 万欧元的大楼，其他主要用于工资、税收、日常运营、法语联盟网络开支、银行利息及保证金等。若排除捐赠项目支出，2020 年法语联盟的总收入大于支出。截至 2020 年 12 月 31 日，法语联盟基金会账户总额为 6522 万欧元。

## （四）主要项目

全球法语联盟的主要工作包括法语教学、举办文化活动、提供考试和证书服务、聘用本土工作人员等。其年报项目有 29 项：多媒体图书馆援助计划、法语联盟剧院、基金会国际摄影大赛、法国艺术家网络巡回活动、"青年电影节"、巴黎嘻哈和阿尔伯特·伦敦奖思想火花辩论会、法语联盟总代表和协调人的半年度研讨会、欧洲法语联盟大会、国际战略委员会大会、文学分享会、法国美食节、欧洲语言能力促进品牌奖、与法国发展研究所合作科技文化项目、与法国国家电台合作项目、法语水平考试（Test d'Evaluation de Français，TEF）、移民法语评估测试、学生赴法留学计划、法盟网络现代化计划、勒图凯法语联盟奖学金、巴黎场外展、金羽奖法语比赛、法国电影及教学项目、捐赠人俱乐部、"我为法语狂"世界法语拼写大赛、朋友日活动、法语活动节（围绕 3 月 20 日世界法语日开展活动）、联盟直线通刊物、"三月香颂饕餮"音乐会、浪漫法国项目。

2020 年，受新冠疫情影响，全球法语联盟文化活动数量同比减少 50%。法语联盟多媒体图书馆亦受影响，图书借阅率减少 56%。但从整体情况来看，文化馆有所发展，新增 8.7 万会员，净增率为 20%。2020 年全球法语联盟文化活动分区域举办，主要有：一是非洲–中东–印度洋地区举办了 2020

年线上音乐节、文学沙龙、线上博物馆、马达加斯加法语联盟年会等活动；二是拉美–加勒比西班牙语区创建了《居家》电子杂志和虚拟文化平台，举办了"法国周"、2020 年线上音乐节、"有声联盟"项目、"假期笔记"项目等活动；三是北美–加勒比英语区举办了 2020 年线上音乐节，组织了"法语交流语言"项目；四是亚洲–大洋洲实施了"三月香颂饕餮"项目，举办了印度"数字月"活动、澳大利亚"第 31 届法国电影节"、法语歌曲比赛等活动。

### （五）发展规模

作为非营利性机构的法语联盟基金会，秉承"推广法语，推动多文化交流"的理念，目前在 133 个国家及地区设立了 832 个法语联盟。法语联盟全球员工现有 1.5 万人，其中 260 多人为法国外交部派遣。2020 年受新冠疫情影响，法语联盟学生减少 24%，法语水平考试人员减少 57%，全球法语联盟工作人员减少 5.5%，但网课授课量增加 700%。鉴于疫情，法国外交部增加了 50% 的资助，避免了部分法语联盟关门停业。2020 年，全球共计 37.6 万名法语学生，相较于 2019 年增长了 24%，但法语联盟系统减少了 10 万学员。法语联盟学员人数排前十的国家依次为：美国、印度、马达加斯加、墨西哥、巴西、哥伦比亚、中国、秘鲁、加拿大、法国。[①]

## 二、英国文化教育协会

### （一）办学宗旨

英国文化教育协会（British Council），是英国政府于 1934 年成立的非营利组织，是致力于促进英国文化教育、国际关系拓展、公共外交的准官方机构。该协会于 1940 年获得英国皇家特许状，成为正式的社会团体。英国文化教育协会官网显示，其宗旨是"在英国国民和外国国民之间建立起互惠关系，让更

---

① 相关数据来源：《法语联盟基金会 2020 年年报》及谢军瑞的《法语联盟文化推广战略研究》。

多的人了解英国、学习英语，加深他们对英国创造性思想及其成就的赞赏之情"。按照皇家许可状规定，协会的工作目标在于：促进英国及世界各国人民之间的文化联系以及对不同文化的理解，推广英国文化，推动英文普及，鼓励英国与世界其他各国在文化、科学、技术和其他教育领域的合作，推动教育进步和发展。为实现上述宗旨和目标，协会以开展语言和文化传播为基础工作。

英国文化教育协会的工作内容主要包括：开展合作项目以加深英国与其他国家之间的联系，建立长期的合作伙伴关系；与其他国家同类组织合作并为其他国家的高等教育改革、法制改革提供支持；将英国的艺术和科技活动带到其他国家，促进文化交流；协助专业英语教学人员在其他国家更广泛、更有效地推广英语教学计划，同时在全球各地开设考试中心，通过组织考试来帮助考生评估自己的能力；代表英国教育和专业机构，免费提供有关英国教育的咨询。

## （二）管理运行

英国文化教育协会作为获得皇家许可状、拥有合法地位的非营利性机构，被英国国家统计署归为非金融类的公营公司和非政府部门公共机构。

理事会是英国文化教育协会的决策机构，主要职责包括：确立协会战略发展方向，监督协会开展工作，维护组织理念与治理方式，支持首席执行官和执行委员会实现使命和目标。理事长由英国文化教育协会主席兼任，一般需公开招聘并经英国外交和联邦事务部同意，主席任期三年，可连任一届。理事会成员通过选举产生，一般 10～15 人，理事任期五年，可连任。协会的日常运营管理由首席执行官负责，在首席执行官下面还有 4 名常务董事，分别处理协会日常运作、创新、资源、战略和对外关系事务，共同组成执行委员会。为帮助协会更好地制定和执行政策，协会还建立了三个全国性咨询委员会，分别是教育和治理咨询团、英语咨询团、科学和工程咨询团，在各咨询团下面还有为数众多的顾问团。协会的一切活动都要接受英国政府和公众的检查，管理层一般由政府机关、商界、出版界及相关人员组成。

## （三）资金来源

英国文化教育协会通过多种渠道募集资金：英国外交和联邦事务部提供的基本补贴和资助款，与国内外机构（例如欧盟委员会、国际发展部、海外政府等）进行业务合作的项目资金，合伙收入（包括实物收入和共同创造的所得收入），来自客户的服务收入（大部分来自教学和考试服务）。总体来看，现在英国文化教育协会的资金来自政府拨款的比例越来越低，协会自营收入越来越高。

根据《英国文化教育协会 2020—2021 年年报》，受新冠疫情影响，英国文化教育协会虽然努力通过支持在线和广播等方式开展教学，实现 2020 年度收入达到 9.25 亿英镑（约合人民币 77 亿元），但与 2019 年相比，营收水平整体下降了 28%，净亏损 9100 万英镑。其中，政府补助为 1.45 亿英镑，助学金收入占比 15.7%，慈善活动收入从 2019 年的 10.89 亿英镑下降到 7.62 亿英镑，教学和考试收入下降到 4.48 亿英镑，其他收入为 2500 万英镑，赞助收入为 50 万英镑。为应对预期亏损，英国文化教育协会采取了诸多措施节约成本，包括冻结就业和工作人员的薪酬，重新进行合同谈判，以及减少开支，等等。英国文化教育协会规划，2024 年营收应接近 10 亿英镑。

## （四）主要项目

英国文化教育协会通过高效的运作管理，已经成为一个规模庞大、影响深远的跨国文化组织。该协会还注重开展公益慈善事业，以润物无声的方式推广英国文化，加强语言与创业产业的结合，重点关注青年精英目标人群，充分发挥英国高等教育和科研优势，注重在气候变化等新兴领域的话语权构建等，在公共外交方面取得了良好成效。其年报中的项目有 30 多项，例如：动荡冲突地区的"维和英语"，"积极公民"，冲突、战乱、移民区域的"语言复苏"和"艺术家恢复"，难民"入学预备计划"，中东、北非的"阿拉伯年轻之声"，"乌克兰下一代"，"艺术繁荣"，"中文培优项目"，埃塞俄比亚的"公民社会支持计划"，"全球社会企业计划"，"国际职场"课程，英语远程教学，"创意企业"研讨会，"未来领袖联盟"计划、提供奖学金计划及领导力课程，"社交媒体：英语教学脸书网"，与 BBC 合作推出的"全球问题"节目，国际考试，"英国教育：发现你的潜能"，"五部影片——自由"，与英国政府合作的"非凡英国"，"东非开发银行医学奖学金"，与英超橄榄球联赛合作的"试试橄榄球吧"，与比尔及梅琳达·盖茨基金会（Bill & Melinda Gates Foundation）合作在孟加拉国开展的图书馆项目，与英超合作的足球项目"学转英超"，与沃达丰加纳基金会合作的"提升加纳女性对科学和技术的参与度"三年计划，与维珍航空合作的项目，与英国石油公司合作的项目，与巴勒斯坦移动通信公司帕特尔集团合作的项目，与拉丁美洲"赛巴尔计划"合作的项目，与英国国际发展署合作的支持缅甸教育体系发展的项目，等等。

### （五）发展规模

经过 80 多年的发展，截至 2020 年底，英国文化教育协会在 100 多个国家开设了分支机构，通过在线网络、广播和出版物等教学和文化活动项目，直接服务受众 6700 万人，覆盖全球 7.45 亿人，网站访问量增至 1.1 亿次。受新冠疫情影响，雅思考试报考人数规模下降了 37%，英国文化教育协会全球全职员工从 11 806 人减少到 10 449 人，英国的全职员工从 1145 人减少到 1056 人。英国文化教育协会未来将实施更高效的技术支持和更标准化的解决方案，使用更多的共享服务来降低成本，2024 年的目标是将占总收入的间接成本比例从 2020 年的 18% 降低到 12%。[①]

## 三、西班牙塞万提斯学院

### （一）办学宗旨

西班牙政府于 1991 年颁布法令，宣布建立塞万提斯学院，并通过《塞万

---

① 相关数据来源：《英国文化教育协会 2020—2021 年年报》和方茜的《英国文化委员会运作机制研究》。

提斯学院章程》。塞万提斯学院的宗旨是在全球范围内推广西班牙语的教学、研究和使用，并推动西班牙文化在全球的传播。塞万提斯学院在全球五大洲44个国家成立了87所分院。此外，该学院在西班牙设立了两处总部，分别位于马德里和阿尔卡拉·德·埃纳雷斯。

### （二）管理运行

塞万提斯学院由西班牙国王签署法令成立，国王亲自担任学院董事会名誉主席，首相担任主席。塞万提斯学院一方面同西班牙外交与合作部联系密切，另一方面与西班牙海外公共机构合作，确保教育资源保障和行动的一致性。塞万提斯学院作为非营利性机构，具有独立的法人资格，由董事会、理事会和领导机构组成。

董事会负责对塞万提斯学院进行统筹指导，职责包括：批准塞万提斯学院活动总计划；批准年度预算预案；批准年度报告；在各国法律法规许可条件下，向西班牙外交与合作部提议创建有利于实现学院目的的基金会或其他非营利机构，但提议最终须由政府批准；在西班牙法律法规许可下，批准设立基金会；等等。为实现学院的目的，确保学院正常运行，董事会每季度至少召开一次董事会会议。在董事会中，国际和伊比利亚美洲合作事务国务秘书任主席，政府文化部副部长任副主席，政府外交部与教育、文化和体育部副部长任副秘书长；由理事会推选，政府任命1名董事，外交部与教育、文化和体育部部长分别任命3名司局级官员担任董事；西班牙财政与公共管理部预算司司长、塞万提斯学院院长、塞万提斯学院秘书长兼任董事会秘书长。

理事会的主要职责包括：向塞万提斯学院建议工作重点；向塞万提斯学院了解各项活动计划并根据情况进行批复；向塞万提斯学院了解年度活动情况，审议、批准年度报告；向塞万提斯学院提出优化运营建议；向政府提名董事会和理事会成员。塞万提斯学院理事会须每年召开一次。理事会成员不享有职务工资或补助权利。理事会成员构成如下：（1）名誉主席——西班牙国王；（2）当然成员——政府首脑（理事会执行主席），国际和伊比利亚美洲及加勒比地区国务卿，外交和欧盟合作部部长、副部长，教育和职业培训部部长、副部长，教育、文化和体育部部长、副部长，塞万提斯学院董事会主席、副主席，塞万提斯学院院长，西班牙学院院长，西班牙皇家语言学院院长，西班牙语学院协会常务委员会秘书长，所有塞万提斯文学奖获得者；（3）22 名委员（由西班牙外交部，教育、文化和体育部共同提名，并由西班牙政府任命），包括 7 名西班牙语言与文学委员、7 名西班牙语美洲语言与文学委员、5 名来自大学和各西班牙皇家学院分院的委员、3 名来自其他具有文化性质或文化影响力的社会机构的委员。

### （三）资金来源

塞万提斯学院 2019 — 2020 年预算为 1.23 亿欧元（约合人民币 9.64 亿元）。其中，53.5% 来自国家财政补贴，46.5% 来自学院自筹。2020 年塞万提斯学院共有工作人员 954 人（其中 218 人在西班牙本土工作，剩余 736 人分布于世界各地），此外还有 835 名合作人员。工作人员数量多年来呈减少趋势。

### （四）主要项目

塞万提斯学院按国家对外行动总框架运营，并与公共行政部门及其他同本院活动目的有关的政府机构合作开展活动。塞万提斯总院自主或与第三方合作开展的业务包括：成立中心，开设和推广西班牙语教学课程；在教育、文化和体育部的监督下，颁发官方证书，组织西班牙语知识认证测试；通过院长并以教育、文化和体育部之名颁发对外西班牙语水平考试证书，并负责对其进行学术、行政、经济上的领导及管理；推动西班牙语推广、教师培养和语言教学辅助材料编撰；作为西班牙语学者和外国研究机构的协调和辅助机构，促进开展西班牙语研究和教学；开展文化活动；与有相似或相同目标的大学和其他机构（不论公立还是私立，本国还是外国）建立合作，起草合作协议和准则。

塞万提斯学院的年报项目主要有 18 项，比如：西班牙语 AVE 全球虚拟课堂平台（课程收费）；塞万提斯新中心（机构）认证；塞万提斯学院教师培训，包括面授与线上形式的培训和考官认证课程、"实践社"虚拟社区、慕课等；联合其他高校和机构开展西班牙语水平测试，包括对外西班牙语水平证书、西班牙语国际评估测试、西班牙宪法和社会文化知识水平测试；塞万提斯学院的水平认证工作与国际标准；对外西班牙语国际认证体系国际大会；米盖尔·德·塞万提斯·萨阿维德拉巡展巡演，包括世界各地的堂吉诃德（图片和图书展）、塞万提斯眼中的米盖尔（剧作展）、塞万提斯和生活理想（摄影展）以及其他音乐和戏剧表演等形式；塞万提斯和威廉莎士比亚的时代系列讲座；品牌活动之"新传记"系列活动，包括卡米洛·何塞·塞拉等多位西语界文学巨匠和历史人物相关纪念活动；品牌活动之"想象西班牙"，通过各种形式的活动，探讨西班牙的建筑及开放与多元空间。具体组织形式包括：电影展、摄影展、讲座等；品牌活动之"往返"系列活动参与者的交流互动；音乐、表演主题系列活动；品牌活动之西班牙文学周活动，将西班牙语文化介绍给文学专业受众；以新影片为主题的"当代电影"活动；以建筑为主题的"新拉丁"系列展览活动；塞万提斯图书馆网络项目（目前已在全球 61 个城市设立）；塞万提斯学院电子图书馆；线上塞万提斯学院。

### （五）发展规模

根据塞万提斯学院 2021 年度报告，按母语使用人数计算，西班牙语是世界第二大语言，仅次于中文；按全球使用总人数计算，西班牙语是世界第三大语言，仅次于英语和中文。2021 年，约 4.93 亿人以西班牙语为母语，有超过 2400 万学生把西班牙语作为外语学习。世界上西班牙语的潜在使用者超过5.91 亿，占世界总人口的 7.5%。

未来 50 年，西班牙语使用者数量将继续增长，到 21 世纪末，其世界使用人口比例将逐渐下降。预计到 2100 年，全世界 6.3% 的人口能够用西班牙语交流。2060 年，美国将成为世界第二大西班牙语使用国，仅次于墨西哥。西班牙裔人数也将占到美国人口的 27.5%。

2020—2021 年间，世界上学习西班牙语的人数排在前 5 名的国家或地区分别是美国、欧盟 27 国、巴西、撒哈拉以南的非洲、英国，而其他国家学习西班牙语的总人数加起来只占 2%。中国的西班牙语学习者共有 5 万多人，其中有近 3.5 万人是大学学习西班牙语专业的学生。[①]

## 四、对中国语言文化传播机构的启示

### (一) 办学宗旨：聚焦语言主业

国际知名语言文化传播机构虽然都有语言传播职能，但是多数更重视文化传播，在较长时期内语言在传播中的地位并不突出。随着历史的发展，人们的语言意识逐渐加强，语言传播的地位逐渐得到凸显，各个语言文化传播机构分别成为所传播语言最权威的学习、教学、考试和认证机构。语言文字是人类交流的主要媒介，是实现民心相通的基本手段，也是人类文化传承延续的基本载体。每种语言都是一种文明的载体，是人类共同的精神财富。正如习近平主席在伦敦出席全英孔子学院和孔子课堂年会开幕式时指出："语言是了解一个国家最好的钥匙，希望孔子学院继续秉承'相互尊重、友好协商、平等互利'的校训，为传播文化、沟通心灵、促进世界文明多样性作出新的更大贡献。"作为发展国际中文教育事业的专业公益教育机构，中外语言交流合作中心致力于为世界各国民众学习中文、了解中国提供优质的服务，为中外语言交流合作、世界多元文化互学互鉴搭建友好协作的平台。国际中文教育项目必须立足语言教学主业，聚焦中文教育，扎实做好教学服务，在此基础上朝"中文＋"方向努力，满足本土需求，助力中外文明交流互鉴。

---

① 数据来源：《西班牙塞万提斯学院 2021 年度报告》和曹德明主编的《国外语言文化推广机构研究》的第六章《塞万提斯学院语言推广战略研究》。

## （二）管理运行：注重部门协作

法语联盟、英国文化教育协会、西班牙塞万提斯学院等语言文化传播机构在建立之初就特别注意发挥政府外交、教育、文化、财政等各个部门的综合保障和运行支撑作用，一般直接由元首担任相关职务，如法语联盟由法国总统担任名誉主席、英国文化教育协会由英国女王作为庇护人、塞万提斯学院由西班牙国王担任学院董事会名誉主席（主席为西班牙首相），这些职务安排都是从国家层面作出的战略谋划和顶层设计。这些语言文化传播机构多为非营利性机构，具有独立的法人资格，大多成立了专门的董事会、理事会和委员会等领导议事机构，形成常态化联系沟通机制；管理人员为政府官员及商业界、文化界、教育界等知名人士，可以最大程度发挥资源支持和智力指导作用。这些语言文化传播机构正式工作人员大多是国家公务人员，并通过各类机制性合作在各国加大本土人员聘用力度，提高工作效率。就中国语言文化海外传播而言，也亟须建立健全由相关部门人员、各个领域中外专家组成的委员会或智库，切实发挥广大中方院校的办学主体作用，尤其是在学科和智力等方面的支持。《中华人民共和国国民经济和社会发展第十四个五年规划和 2035 年远景目标纲要》针对国际中文教育提出的战略目标和重大任务是："建设中文传播平台，构建中国语言文化全球传播体系和国际中文教育标准体系。"这些传播平台、传播体系和标准体系的建设及应用都需要通过多层次、多主体、多支撑的统筹协作机制保驾护航。

## （三）资金筹措：提高市场份额

法国、英国、西班牙等国家的语言文化传播机构设立之初的办学资金主要由政府出资，同时还得到一些企业、机构和组织的捐资捐赠。例如，为加强各地法语联盟的交流联系，满足法国文化外交需要，以及便于资金筹措，

2006 年，法国在巴黎法语联盟国际部基础上筹建了法语联盟基金会。语言本身具有商品属性，语言教学、考试和认证的产业化发展可以带来巨大的市场收益。目前，法语联盟接受法国政府的财政资金比较有限，整个法语联盟网络的资金自筹比例超过 90%。法语联盟拓宽办学资金的渠道主要有：通过市场化运作收取法语教学学费，发挥品牌效应吸收各类基金会和企业等的资助，等等。尤其是新冠疫情以来，各个机构在开源的同时全力节流，通过减少开支、减少人员、加强科技手段等降低成本。就孔子学院而言，与西方知名语言文化传播机构相比，成立时间短，运作经验少，风险挑战多，尤其是国内尚未形成企业和社会组织参与建设的良好局面，在吸引社会捐资捐赠方面尚处于起步阶段。2020 年 6 月，27 家高校、企业和社会组织联合发起成立中国国际中文教育基金会，在运作模式上进行了有益探索和重要尝试。下一步，应进一步提高中文教学服务质量，在坚持公益属性的前提下，逐步瞄准市场化发展，实现产业化运作，用市场机制提高行业竞争力、吸引力，推动国际中文教育高质量可持续发展。

### （四）开展项目：突出本土创新

从世界各国的外语教育实践来看，成功的外语教育并没有一个必须遵从的固定模式，但应该结合本国实际突显地域文化色彩。各国语言文化推广机构就如一个大的跨国公司，机构总部研究制定系列办学标准，有此标准可以最大限度保障教学水准统一。国际中文教育机构开展的中文项目是中外合作办学项目，可以依托所在国合作院校、机构等当地本土力量，形成一定意义上的利益共同体。在衡量中文教学质量时，是否真正实现了本土化发展是其中最重要的评价指标，评价内容包括本土教师数量与占比、本土编写教材数量、本土学员认可程度等。建设本土化标准实际上有益于本土学员就业和职业长远发展，有益于加强校际科研交流与提高合作水平，有益于推动城市间人文经贸合作，助力国家间的文明互鉴。

法语联盟、英国文化教育协会等机构之所以长盛不衰，都是因为能够抓住科技红利进行自我改革、创新发展。例如，英国文化教育协会加强语言与创新产业的结合，重点关注青年精英目标人群，充分发挥英国高等教育和科研优势，注重在气候变化等新兴领域的话语权构建，等等。目前，英国文化教育协会重点关注的三项工作是跨文化对话、气候变化、英国创造性的知识经济，其中英国创造性的知识经济吸引了近一半的资源支持。这些创新型项目的设置和运作，进一步提升了英国的文化影响力和国际声望。中国语言文化项目的创新设计和实施，需要加强国别调研，明确需求，注重专项人才培养，制定专项发展规划，充分发挥其引领与支撑作用，润物无声，久久为功。

### （五）布局规模：瞄准质量内涵

各国语言文化传播机构从发展规模来看，分支机构多则上千家、少则上百家，分布在全球 100 多个国家。分支机构的全球布局情况既是本国综合国力和影响力的重要体现，也是各个机构管理运行和项目实施效果的直接体现。随着我国经济社会快速发展、国际地位大幅提升，世界各国更加重视发展与中国的友好合作关系，中文在国际交流中的作用日益凸显。近年来，随着人工智能、大数据、云计算的发展，数字经济蓬勃兴起，面对数字化变革和数字经济浪潮，包括教育在内的很多行业正在进行从工作流程、业务模式到思维方式和应用场景的探索，思考如何应用相关技术进行数字化转型。在开展语言在线教育方面，英国"Future Learn"慕课平台、国内在线英语品牌"VIPKID"等均已取得重要成绩。新冠疫情发生以来，各国语言文化传播都面临着根本性挑战，亟须在全球加快布局，线上线下结合，开发在线适用课程，基于在线技术支撑全方位升级跟进。

为推进国际中文教育创新发展，中外语言交流合作中心加大了数字资源建设，推出"中文联盟"云服务平台，搭建"语合智慧教室"等在线项目，保障了全球中文教学"停课不停学、不停教、不停考"。中外语言交流合作中心还研究制定了《国际中文在线教育行动计划（2021—2025）》，系统谋划了国际中文在线教育的发展方向，制定了 6 大行动纲领和 16 个实施项目，提出了到 2025 年基本实现国际中文教育数字化、智能化、泛在化的发展目标，构建"教学、考试、研究"一体化的支撑服务体系（详见本章附录）。内涵质量提升需要从聚焦育人、学以致用、数字转型、融入本土、多元参与等方面进一步深化，逐步推进国际中文教育事业创新发展。

附录 《国际中文在线教育行动计划（2021—2025）》摘录

## 一、标准与机制建设行动

1. 建立健全国际中文在线教育标准体系。以"国际中文教育标准体系"为依据，按照教学目标多元、方式多样、注重过程的原则，结合观察/观测、交流/试验、实证/研究、操作/展示、自评/互评等多种方式，建立健全国际中文在线教育教师标准、教材与教学资源建设标准、教学评价标准，科学确定强制性标准和推荐性标准，加强与国际相关标准及各国中文教学大纲之间的有机衔接，强化标准的宣传贯彻和推广应用，支持动态修订、迭代优化，不断适应国际中文在线教育的发展需求。

2. 探索建立国际中文在线教育质量评价与认证机制。紧密结合国际中文在线教育特点，充分借鉴国内外有关教育质量评价（包括在线教育、线上线下混合教育）理论、方法与策略，研究制定国际中文在线教育质量评价策略、认证机制及有效的实施方法、方案，探索开展对教师教学能力、学生学习效率、机构组织能力评估工作；逐步建立并完善学分银行制度，探索实施在线课程学分认定与管理机制，中文学习者可通过跨校学习、在线学习等方式积累学分；推动国际中文教育与不同学科、不同领域、不同职业等多种学习成果的认证、融合、积累与转换。

## 二、平台与新基础支撑能力建设行动

3. 完善国际中文在线教育平台建设。深化中文联盟平台建设，广泛吸纳联盟成员在内的各类社会资源、力量和智慧，以新型信息技术为支撑，深度融合教学与学习内容、师资管理、质量评估、能力图谱等数据，构建契合时代发展、基于云原生的完备国际中文在线教育智慧平台并广泛落地，包括但不限于教学与学习云平台、教务云平台、智能工具体系等。同时构建基于数据湖的在线教育基础数据池，实现学习与教学资源的动态一体化管理，增强优质教育资源的有效供给和基础数据的互联互通。

4. 发挥多种形式平台作用。因地制宜地甄选技术方案，选用性能适切且成本优惠的信息化教学设备，开展新型教学设备应用，支持语合智慧教室、网络中文课堂、学习测试中心、中文工坊等平台建设。推动各级各类国际中文教育平台互联，数据互通，应用协同，形成"互联网＋国际中文教育"大平台的发展格局。加强整体服务能力，完善中文在线教育布局，鼓励统筹各方资金，支撑在线平台相关资源建设，强化平台在知识产出、资源共享、学习支持、监测评价、管理决策等方面的功能，逐渐形成在线教学特色优势，推动在线教学与国际中文教育深度融合。

5. 构建在线教学数据库。构建统一的在线教学数据库，打造数字平台矩阵，实现教学、学习、师资、机构、学习过程与学习行为等资源的动态一体化管理。注重用户行为数据，不断深化对学习规律的认识，应用人工智能等新技术推动教育教学方法创新，加强教与学过程中的数据分析和运用，支持差异化的"教"和个性化的"学"，并通过积累学习数据形成个性化特征资源，促使国际中文教师教学共同体、学习者学习共同体的形成，实现规模化教学与个性化培养相统一。

### 三、优质资源与课程建设行动

6. 建设国际中文在线教育资源体系。基于《国际中文教育中文水平等级标准》，围绕国际中文教育汉字、词汇、语音、语法等语言要素以及听说读写译等语言技能，构建满足高质量、区域化、个性化、多样化、自适应以及多视角、多场景、多模态、多应用的国际中文教育数字化资源体系，鼓励新技术融合，教学模式创新，教学方法探索，建立应用驱动、用户评价、持续迭代的资源动态优化机制，健全数字教学和资源审核评估机制，使全球中文学习者共享优质资源。

7. 开发新型教学资源与优质课程。实施国际中文在线教学资源共享计划，鼓励和支持具备资质的学校、教育机构、出版单位、资源开发企业和世界各地的一线教师深度参与国际中文数字资源建设，以"讲好中国故事"为建设宗旨和总体目标，加强国际中文在线教学精品示范课程，新媒介、新模式创新课程，互动游戏类在线课程和数字化分级阅读材料等有效资源的制作与储备，构建国际中文教育资源库、国际中文职业教育资源库、海外华文教育资源库、中华传统文化和当代国情资源库等。

8. 优化资源供给服务与推广策略。充分发挥市场机制作用，整合并共享社会各方开发的资源，加强供给管理，提升服务水平，鼓励使用符合条件的社会化、市场化优质在线课程资源，探索将其纳入日常教学体系，优化形成国际中文在线教育大数据资源服务机制；深入调研中文数字化教学资源推广中存在的问题和需求，积极探索可持续发展的最优路径，充分发挥数字化教学资源在国际中文教育中的重要作用；对现有资源进行分类标识，完善基础数据库，建立数字资源目录，匹配学科知识图谱，升级资源搜索引擎，推动实现数字资源的动态更新和多源汇聚，促进数字资源的有序流动和开放共享。

### 四、教学动态研究体系构建行动

9. 构建国际中文在线教育评价体系。建设国际中文教育大数据中心，对国际中文教育动态开展常态化、系统性收集整理工作，加强教育数据质量监测，构建全球中文教育基本情况数据库和国际中文在线教学监测与评价体系，提高数据的真实性、准确性、规范性和一致性，助力形成常态化、网络化、全覆盖、具有较强预警功能和激励作用的全球中文教育动态研究基础，创新大数据应用，支持教育科学决策、精准管理和高效服务。

10. 加强国际中文在线教学研究。设立国际中文在线教育研究与实践基地，通过发布相关课题指南，开展前瞻性、领域化、细粒度的课题研究，形成一批高质量的论文、案例资源；组建多领域跨学科高水平科研团队，加强理论和政策研究，提升关键核心技术攻关能力和竞争力，解决制约"互联网＋国际中文教育"发展的理论与实践问题，促进数字技术与国际中文教育、线上教学与线下教学的深度融合，为教学提供全方位指导与服务。

11. 探索国际中文在线教学创新模式。在充分调研国际中文在线教育现有教学模式的基础上，普及新技术支持下的自主、探究、合作等教学模式，探索多场景下的线上个性化教学与双师课堂模式，在线课程游戏化建设与职业技能中文课程，引导教师积极探索，大胆实践，改变传统教育观念，增强科研与创新意识，探索建立国际中文在线教学创新模式，推进教学组织方式变革，提升教学质量。

## 五、师资队伍与培训体系融合建设行动

12. 打造国际中文教师培养一体化服务平台。推动在线教育在教师队伍建设中的应用，完善教师信息素养标准，持续实施教师信息技术应用能力提升工程，打造国际中文教师培养一体化服务平台，推广网络研修和培训方式，开展系统性、针对性、国别化在线培训；提供丰富的教学与研究资源，推动国际中文教师在线交流合作，为教师职业发展提供支撑。

13. 开展国际中文教师培训资源建设。围绕教师发展全周期、师德师风建设等内容，大力开展国际中文教师培训资源建设；构建培训体系案例库，推进资源的国别化和区域化发展；制定国际中文在线教学技术培训大纲，逐步健全在线中文教师标准规范，为建设高素质专业化创新型在线教师队伍奠定坚实基础。

14. 全面提升教师在线教学能力。探索运用微格教学、翻转课堂等多种教学策略和手段实施在线教学技能培训。发挥一线教师创造性，探索开发教师培训应用，提供模拟实训环境，突出培训针对性、实用性、阶段性和过程性，充分体现在线教学的实践性和开放性，提高教师数字化教学思维能力、在线教学能力和信息化运用能力。

## 六、创新与合作行动

15. 拓展国际中文教育发展新空间。支持基于新型信息技术的各类国际中文教育创新发展，赋能传统品牌项目如 HSK 考试、汉语桥等转型升级；汇聚高新企业、高校、科研机构等各方力量，通过共建共享的方式，催生新产业新业态新模式，培育一批专业化、特色化、精品化的新型项目，形成国际中文在线教育新优势；加强数字化基础性研究工作，为国际中文在线教育持续发展提供创新驱动，加快锻造长板，补齐短板，实现国际中文在线教育的引领性作用。

16. 加强多领域多机构区域化合作。通过市场手段优化资源配置，吸引更多企业参与国际中文在线教育建设；开展"中文＋职业技能"项目建设，提升对海外中资企业的服务和支撑能力；推动企业与科研机构合作，加快实现科研成果转化，在国际竞争中形成新优势，更好地服务国际中文在线教育高质量发展；完善布局结构，主动谋求合作，搭建区域性平台，建立国际参与和协调沟通机制，为中文融入各国国民教育体系提供支撑服务。

（全文见：http://www.chinese.cn/page/#/pcpage/project?id=130）

# 第五章

## 语言文化传播机构开展活动对比研究

习近平主席在联合国教科文组织总部的演讲中指出："文明因交流而多彩，文明因互鉴而丰富。文明交流互鉴，是推动人类文明进步和世界和平发展的重要动力。"在新一代技术革命的推动下，互联网、数字经济、5G、大数据、云计算和人工智能使整个世界连接得更加紧密，中外语言文化传播机构举办的活动也呈现出新的特点和趋势。国际语言文化传播机构自成立至今已有 140 多年历史，最早可追溯到法国于 1883 年成立的法语联盟。其后较有代表性的国际语言文化传播机构成立时间及相关信息如下：1934 年英国成立了英国文化教育协会；1951 年德国成立了歌德学院；1991 年西班牙成立了塞万提斯学院；2004 年为满足各国中文学习需求，中国借鉴各国做法成立了孔子学院。

近年来，在中外各方大力支持下，孔子学院积极开展中文教学和文化交流，纷纷以商务、科技、职业培训、舞蹈、戏曲、美食、旅游、中医、武术、茶文化等为发展特色，为推动世界各国文明交流互鉴、增进中外人民友谊发挥了重要作用。

总体而言，欧美国家代表性语言文化传播机构设立时间较长，活动特色突出，成效较为显著；孔子学院举办的活动在内容、传播渠道等方面既有自身特色，同时也有一些不足。

下面以欧洲地区孔子学院为例，按照内容、形式和主题对 2015 年孔子学院举办的各类活动进行简要梳理，并通过与外国语言文化机构（以在华歌德学院、英国文化教育协会为例）举办的活动进行对比分析，以期为中国语言文化活动的创新发展提供有益借鉴。

## 一、中外语言文化传播机构开展活动举要

语言是了解一个国家最好的钥匙。语言是文化的基础要素和鲜明标志，是文化传承、发展、繁荣的重要载体。各国语言文化传播机构在开展活动时，大多是语言教学和文化活动相互交融，同时积极打造特色品牌或活动亮点，为受众提供更多元化的服务。在欧洲地区孔子学院的 155 份语言文化交流材料

中，比较有特色的活动有 96 个。同时为了方便对比，笔者按时间顺序对歌德学院和英国文化教育协会同时段开展的 40 个活动进行了初步梳理。

### （一）从举办形式方面考察

孔子学院所开展的主要活动有培训（21 个，占比 21.9%）、研讨会（15 个，占比 15.6%）、讲座（11 个，占比 11.5%）、教育体系（11 个，占比 11.5%）、编辑出版（8 个，占比 8.3%）、俱乐部沙龙（8 个，占比 8.3%）、展览（7 个，占比 7.3%）、演出（5 个，占比 5.2%）。其中，培训、研讨会和讲座三类传统活动所占比重较高，约为 49%。

歌德学院、英国文化教育协会所开展的主要活动有展览（9 个，占比 22.5）、演出（6 个，占比 15.0%）、放映会（6 个，占比 15.0%）、见面会（4 个，占比 10.0%）、培训（3 个，占比 7.5%）。其中，展览、演出和放映会是最受欢迎的形式，约占 53%。中外机构举办活动形式的差异，体现了传播机构的发展阶段不同、活动宗旨和特色不一。

### （二）从活动主题方面考察

孔子学院所开展的主要活动有中文学习（19 个，占比 19.8%）、商务经贸（10 个，占比 10.4%）、师资（7 个，占比 7.3%）、认知中国（6 个，占比 6.3%）、期刊（6 个，占比 6.3%）、"一带一路"（5 个，占比 5.2%）、汉学（4 个，占比 4.0%）。其中，创新活动主要着眼于中文学习、商务经贸、师资、认知中国等主题和内容，约占 44%。

歌德学院、英国文化教育协会所开展的主要活动有戏剧（5 个，占比 12.5%）、音乐（4 个，占比 10.0%）、电影（4 个，占比 10.0%）、舞蹈（3 个，占比 7.5%）、摄影（3 个，占比 7.5%）、设计（3 个，占比 7.5%）、教学（3 个，占比 7.5%），其中戏剧、音乐、电影、舞蹈、摄影是最受欢迎的活动主题，约占 48%。中外机构不同的活动主题，体现了各自师资特色和参与力量的差异。

## 二、中外语言文化传播机构活动特点分析

语言文化传播机构开展活动要考虑各国国情和文化传统等个性因素。师资是开展文化活动、提高办学质量的核心因素。下面我们将孔子学院与歌德学院、英国文化教育协会所开展的活动形式和主题进行对比。

### （一）活动形式不同

培训和研讨会是孔子学院举办频次最高的两种活动形式，占所有活动形式的 37.5%，而这两种活动形式在歌德学院和英国文化教育协会的活动中仅占 12.5%；展览和演出是歌德学院、英国文化教育协会举办频次最高的两种活动形式，占所有活动的 37.5% 而在孔子学院的活动中只占 12.5%。由此可见，中外语言文化传播机构所处阶段是不同的：孔子学院尚处于初步阶段，活动形式主要以开展语言教学培训、研讨为主，活动形式相对传统；外国语言文化传播机构处于快速发展阶段，活动形式多为展览、演出和放映等，这些形式更为轻松、更有创意，聚焦文化交流，寓语言学习于文化活动之中。正如佟迅在《中国传统艺术海外传播策略研究：以孔子学院为例》（2021）一文中所述，各国文化推广机构充分运用多种渠道、多元方式来推广本国文化，在组织传播活动时，最为重要的特征是传统的传播渠道仍占据主流，诸多经典的传统组织方式至今仍然沿用，如组织文化活动，举办讲座、展览、会议、访问等。

### （二）主题差异较大

在孔子学院所开展活动的主题中，出现频次最高的是中文学习，占 19.8%，可见目前孔子学院的活动还是以语言教学为主，同时还注重商务经贸、"一带一路"、"认知中国"（三者约占所有活动主题的 21.9% 左右）等国际政治经济问题，但文化品牌推广项目较少；歌德学院、英国文化教育协会的活动主题多聚焦戏剧、音乐、电影、舞蹈、摄影、设计等艺术主题，语言教学仅占 7.5%，直接开展语言教学的需求和压力较小，主要是以文化交

流活动吸引各国受众。由此可见，中外语言文化传播机构的关注点是不同的：孔子学院的学习和活动内容聚焦于中文学习、商务经贸、师资、认知中国等，更加侧重于满足学员的共性需求，目标是学习中文、了解中国；外国语言文化传播机构多聚焦戏剧、音乐、电影、舞蹈、摄影，多侧重于满足青年受众个性化兴趣，教学活动服务更有针对性，内容形式更具亲和力和感染力。在所有文化活动中，讲座、见面会、工作坊都是面对面的双向交流与沟通，虽然受众人数受到限制，但受众对传播内容的理解与掌握却更深入，传播者也能随时了解传播对象的反馈，并更有针对性地及时调整内容与形式，以期提升传播效果；展览、电影放映会、戏剧表演、音乐演出等面向广大受众，属于一对多的单向传播模式，虽然影响面较广，但受众对传播内容的理解与吸纳因人而异，理解深度不如讲座类活动形式。（佟迅，2021）

### （三）支持力量不均

外国语言文化传播机构在开展活动时得到了更多的社会支持。以歌德学院为例，其开展的 20 个活动的合作方有 36 家之多，其中中方 23 家、外方 13 家，涵盖了中外政府、企业、基金会、博物馆、美术馆、高校以及其他文化机构等，多方参与提高了文化活动的专业性，也节约了活动成本。相比之下，孔子学院开展的 96 个活动的合作方约 40 家，虽然其活动越来越本土化，注重利用当地资源，但多方支持程度还有待提高。由此可见，语言文化传播机构合作办学之路必须走深走实，注重利用当地的社会化力量来推动自身的发展，其中市场化运营水平就是吸引社会力量办学的重要体现。刘晶晶、吴应辉在《孔子学院与其他国际语言传播机构办学状况比较研究（2015—2017）》（2020）一文中根据运营资金来源情况，将语言传播机构分为多方共筹运营、市场运营为主、国家拨款为主三种类型。其中孔子学院为多方共筹运营型，英国文化教育协会、法语联盟是市场运营为主型，英国文化教育协会的市场运营能力最强。2016 年英国文化教育协会收入与支出总额均超过 13 亿美

元，政府拨款为 1.9 亿多美元，仅占总收入的 14.6%。这说明，英国文化教育
协会收入的主要来源并非政府拨款，而是市场运营，其市场化程度最为显著。

歌德学院的 36 家合作方类别多样，专业性非常强，具体见表 5-1。

表 5-1　歌德学院合作方一览表

| 序号 | 类别 | 机构名称 | 数量／家 |
|---|---|---|---|
| 1 | 基金会 | 墨卡托基金会、柏林国家博物馆—普鲁士文化遗产基金会、弗里德里希·威廉·穆瑙基金会 | 3 |
| 2 | 美术馆 | 中国美术馆、广东美术馆、南京艺术学院美术馆、上海当代艺术馆 | 4 |
| 3 | 博物馆 | 中国国家博物馆、上海博物馆、德累斯顿国家艺术收藏馆、巴伐利亚国家绘画收藏馆、吉森数学博物馆 | 5 |
| 4 | 科技馆 | 重庆科技馆 | 1 |
| 5 | 图书馆 | 浙江图书馆、成都图书馆、西城区图书馆、沙坪坝图书馆、陕西省图书馆德国信息与德语自学中心 | 5 |
| 6 | 高校 | 北京大学、复旦大学、四川大学、四川电影电视学院 | 4 |
| 7 | 科研院所 | 中共中央党校、中国佛学院、上海社会科学院 | 3 |
| 8 | 文化机构 | 德国对外文化关系学院、百老汇电影中心、北京德国文化中心、柏林爱乐乐团、德国电影协会 | 5 |
| 9 | 企业 | 海南航空、生活舞蹈工作室、智库机构互联网权利实验室和媒体出版社、奥迪汽车公司、凯宾斯基饭店 | 5 |
| 10 | 政府部门 | 北京市旅游发展委员会 | 1 |

## 三、语言文化传播机构主要发展趋势

李宇明、唐培兰在《国际语言传播机构发展历史与趋势》（2022）一文中
指出，国际语言文化传播机构经历了初始期、发展期和现代期，呈现出语言
传播多元化、语言传播地位凸显、语言产品商品化、运作更加民间化、重视

平等与合作五大发展趋势，准确把握了国际语言文化机构发展态势，为做好新时期国际中文教育工作提供了有益借鉴。五大发展趋势概述如下。

## （一）语言传播多元化

多元化是当代国际语言传播机构最重要的特征，语言传播不再是大国和强势语言的专利。语言传播的主体有国家管理部门、专门的语言传播机构、基金会、学校、语言协会等，参与传播的包括发达国家、新兴国家与发展中国家等，还有阿拉伯教科文组织等超国家层面组织。传播的语言多元化，除了英语、法语、西班牙语、德语等传统强势语言，中文、日语、韩语的传播势头也日渐强劲。语言传播的方式呈现多元化，凡是能够进行语言传播的方式都被利用起来了。

## （二）语言传播地位凸显

国际语言传播机构虽都有语言传播职能，但许多机构更重视文化和政治传播，因此在较长时期、在诸多文化机构中，语言在传播中的地位并不突出。随着历史发展，语言意识逐渐加强，语言传播的地位也逐渐凸显，比如：英国文化教育协会等文化机构强化语言传播功能；西班牙塞万提斯学院等以语言传播为主要任务；荷兰语语言联盟等直接用语言命名；俄罗斯世界基金会等提出"语言共同体"理念，即以语言为圆心、以语言传播为半径，扩大共同体边界。

## （三）语言产品商品化

语言本身就具有经济学属性，语言可以帮助经济信息和生产技术的传播，语言教学、语言艺术、语言数据等本来就可以转化为商品。国际语言传播机构重视语言的经济学属性，开发语言传播商品，从而为语言传播事业筹措经费、增加自主权，改善乃至重塑国际语言传播形象，减弱语言传播的意识形态的显示度，减少语言传播矛盾和国际摩擦。

### （四）运作更加民间化

历史表明，具有"独立性""民间性""非政治性"的机构，其语言传播道路更加平顺。如今，国际语言传播机构越来越独立、自主，拥有更大的管理权和运营权，运作更加民间化。一些曾经隶属于政府的机构改组为民办机构、非营利机构，如日本国际交流基金会于 2003 年改组为独立行政法人。

### （五）重视平等与合作

在平等、共享、信任、多边主义等全球治理思想的影响下，国际语言传播机构间的相互合作与信任、语言传播机构与接受传播对象间的平等沟通与双向交流，成为语言传播的新风气，诸多机构修改章程，强调语言传播的双向性、平等性，丰富合作内涵，多用"交流""桥梁""纽带""对话"等"双向性"表述。多边合作机构如欧洲的欧盟国家文化中心成立，需要各方平等相处，形成合力。国际语言传播机构之间合作日渐增多，需要各方互信与深度合作。孔子学院的运作模式堪称中外双方合作的典范。

## 四、中国语言文化传播活动开展意见建议

### （一）因地制宜，多种形式并举

语言文化机构开展活动的形式无好坏之分，关键在于实际效果。相较而言，培训、研讨会、讲座等传统形式在新鲜、灵活和互动性上存在劣势，孔子学院应根据自身优势和资源，多利用演出、见面会、展览、数字网络等形式，尤其是先进的技术手段，满足各个年龄段、不同学历层次受众的需求，以展示丰富多彩、生动立体的文化形象。法国经常以文化年、电影展播、艺术作品鉴赏、奢侈品品牌推广等多种形式开展对外文化宣传，并愈加重视利用数字化科技手段，如：法国文化中心开展的"aFrip did"计划在维基百科上开发用法语表述的内容；法国外交部不遗余力地支持影院数字投影技术的运用；法国对外文化教育局开发了可查阅世界各地法国文化中心文化活动的手机软件、了解法

101

国电影的视频网站、以地理导航方式定位法国海外文化资源的网络软件、捕捉世界各地最新表达方式的"社交网络公民实验室"、反映法语图书在世界各地翻译情况的平台等；法语联盟则通过分享摄影、绘画、艺术设计、文学、音乐、戏剧和舞蹈经典作品，开设法国艺术史、法国时尚等兴趣班，举办各类展览、论坛、音乐会、见面会等活动吸引各类受众，加深他们对法国文化的理解与好感。

### （二）立足语言教学，加大文化推广

孔子学院发展尚处于初级阶段，语言教学是主业，开展的活动多关注商务经贸、"一带一路"、"认知中国"等主题，整体上文化活动的分众定位有待改进，影响力有待进一步观察。孔子学院在立足中文教学的前提下，要发挥好综合平台作用，根据各类受众需求，增加个性化活动主题，打造特色品牌活动。

英国文化教育协会通过艺术、文化、教育等形式，依托英语在英国和其他国家人民间建立联系、理解和信任，将文化交流内容分为电影、文学、音乐、视觉艺术、戏剧与舞蹈、创意经济、建筑设计与时装等主题，注重宣扬英国艺术魅力，集中英国的创意人才和团队专项策划实施。例如，英国文化教育协会的建筑、设计和时尚部门通过各种合作项目，与世界各地的顶尖设计师和文化机构建立联系，在英国和海外开发当代建筑，进行时尚策展、图书出版等，通过资助和设立专项奖学金支持新兴人才发展，充分展现英国及英语的独特魅力。

中华文化旅游部主办的"欢乐春节"活动，力图将传统文化融入当代生活，活动包括"中国序曲""艺术中国汇""春节庙会""广场庆典""跨国春晚"等11项子品牌活动，海外文化机构和企业等合作伙伴达到300多个，2019年在133个国家和地区的396座城市开展1500余场活动，涵盖演出、展览、庙会、广场巡游、非遗互动、讲座论坛、冰雪龙舟等30多种类型，也成为讲好中国故事、提升中华文化影响力的重要品牌和成功实践。

## （三）发动各方，参与孔子学院建设

孔子学院开展活动的主要支持来自中外方承办院校，涉及 150 多个国家的近 2000 所中外院校机构，但是中外企业、基金会、博物馆、美术馆和文化机构等社会力量参与度仍需加强。要进一步加大与所在国家相应层次的专业机构的合作，提升文化活动的专业化和研究水平。外国语言文化传播机构非常注重与所在国家专业机构的合作，以歌德学院为例，在其 36 家活动合作方中，我国合作方约占 64%（23 家），其中不乏中国美术馆、中国国家博物馆等"国"字号机构，还有德国 5 家顶级基金会和企业，多方支持和参与保证了活动的可持续性和专业性。孔子学院应着力市场化发展，积极鼓励和吸引社会组织、中资机构等参与教学文化活动，逐步建立多渠道筹措资金和支持的机制，形成鼓励共建、共享、共赢的良好活动生态。尤其是作为活动和项目的策划者、实施者，中外方院长和管理人员应增强"市场＋合作"的使命感。近年来，很多国家都成立了推广本国语言文化的基金会，如法语联盟基金会、希腊文化基金会、俄罗斯世界基金会、日本国际交流基金会等。2020年 6 月，北京大学、北京语言大学、汉考国际教育科技（北京）有限公司、世界汉语教学学会等 27 家单位组织发起成立中国国际中文教育基金会。该基金会将充分发挥筹资渠道广泛的优势，吸引和凝聚中外企业、社会组织、各级政府以及社会各界和个人积极参与。

## （四）借智引智，利用专家资源

孔子学院中外方合作院校和机构有 2000 多家，其中不乏世界排名靠前的知名院校和企业，人力资源和智力支撑优势明显，应统筹建立并充实中外专家及项目资源库，为文化活动可持续发展提供智力支持和资源支撑。2013年成立的中国国家艺术基金的做法和经验值得借鉴，该基金以项目资助为杠杆，充分调动了相关机构和个人对各类文化项目申请的积极性。2022 年，在舞台艺术创作、传播交流推广、艺术人才培训和青年艺术创作人才等四类项目中，共有 7461 个项目主体提交了 10 978 个项目申请，申请资金总额约 67 亿元。该基金专家库现有各类专家 6700 多人，主要包括全国人大代表、全国政协委员、享受国务院政府津贴人员、中宣部"四个一批"人才、中组部人社部"百千万人才"、文化部优秀专家、国家级文艺协会负责人。专家库的管理和建设主要依靠专家，旨在充分发扬艺术民主，保证工作的专业性、科学性，为基金项目科学有序开展打下坚实基础。中外语言交流合作中心与世界汉语教学学会联合开展了 2020 年、2021 年、2022 年度国际中文教育研究课题资助活动，累计支持项目近 600 个，积极推动国际中文教育相关领域的理论研究和应用研究，为中外语言交流合作、世界多元文化互学互鉴提供智力支持，可在充分利用项目专家的基础上充实专家库、智囊团。

### （五）优势互补，加强机构协作

在构建人类命运共同体背景下，国际语言文化传播机构的交流合作意义重大、影响深远，应充分调研和梳理各机构的情况，积极与主要机构签署合作备忘录，推动各国相关机构合作举办峰会、论坛，推动合作项目或特定领域合作项目的开展以及相关人员的互访交流，筹措办学资金，支持双方交流、合作、发展。如"中文培优项目"（MEP）是由英国政府发起并出资支持，由英国文化教育协会、伦敦大学学院联合中国教育部中外语言交流合作中心主办，旨在培养优秀的中文人才。每年参加该项目的学生会在掌握一定中文基础后，参加访华夏令营，进行集中研修。以 2021 年中文培优项目为例，1400 余名英国培优中学生进行了为期两周的线上夏令营，在中国 10 个城市的 14 所中方院校围绕"大熊猫园""冬奥盛会""校园生活""环境保护"四个主题，为学生提供直播授课、视频参观、专家访谈、音乐晚会、街头互动等沉浸式中文教学和文化体验。2016 年以来，英国培优项目已帮助 7000 名英国学生流利掌握中文和了解中国。2008 年，法国国民教育部与中国教育部合作设立中文国际班，旨在提高中文在法国国民教育体系中的地位，改善中文学习的环境，是中文教学在正规教育体制中的一次"革命"和"跨越"。

在该班运营中，中外语言交流合作中心负责向中文国际班选派中文教师。中文国际班首次使用中文教授数学，还开设了面向各个水平学习者的中国语言文学课，旨在培养精通汉语的人才，使学生深入掌握中国语言和文化知识。目前中文国际班已超过 55 个，法国共有 170 多所高等院校、900 所中小学开设中文课程。

国际中文教育事业是一项艰巨而复杂的系统工程，需要有长远的视角和科学严谨的统筹规划。下一步，孔子学院教学和文化活动仍需立足中文教学主业，提高服务质量，打造项目品牌，突出办学特色，加强中外合作，吸引市场力量，共同推动国际中文教育的高质量可持续发展。

# 第六章
## 支持更多国家将中文纳入国民教育体系

随着世界多极化、经济全球化、社会信息化、文化多样化的深入发展，世界各国之间的联系日益紧密，政治、经贸、人文等交流合作也更加广泛。中国在扩大开放过程中深度融入世界，也为各国发展带来了机遇，来中国进行商务合作、学习交流、旅游观光的人越来越多。语言是沟通交流的桥梁和纽带，各国对学习中文的需求持续上涨，汉语人才越来越受到欢迎。现在很多国家将中文纳入国民教育体系，在大中小学开设汉语课程，支持企业、社会组织参与中文教育，这在一定程度上促进了中外人文交流、文明互鉴和民心相通。①

在中外双方精诚合作、共同努力下，国际中文教育事业蓬勃发展、成效显著。截至 2021 年底，180 多个国家开展了中文教育项目，75 个国家通过颁布法令、政令等方式将中文纳入国民教育体系，4000 多所大学设立了中文院系、专业、课程，75 000 多所中小学、华文学校、培训机构开设了中文课程。据不完全统计，全球正在学习中文的人数超过 2500 万，累计学习使用人数接近 2 亿。2021 年起，中文正式成为联合国世界旅游组织官方语言，中文在国际交往中的作用日益凸显，中文的国际影响力不断攀升。

一个国家将某种外国语纳入本国国民教育体系，是该外国语在本国获得许可的重要标志，意味着本国已将此外国语纳入本国的外语教育体系，并将配置相应的政府资源支持其在本国的教学。75 个国家将中文纳入国民教育体系，体现了这些国家对中文的现实价值和未来价值的良好预期，也预示着这些国家的中文教育将获得政府及社会更多的资源支持，从而使这些国家的中文教育获得更大的发展空间（吴应辉，2022）。可以说，支持中文纳入各国国民教育体系已成为推动国际中文教育本土化发展的重要方式。下面我们尝试将中文纳入各国国民教育体系的概念内涵、典型案例、方式途径，以及高校在其中可以发挥的重要作用等略做探讨。

---

① 参见:《孙春兰出席国际中文教育大会并发表主旨演讲》，新华社，https://www.gov.cn/guowuyuan/2019-12/09/content_5459817.htm。

## 一、中文纳入各国国民教育体系内涵研究

### （一）国民教育概念内涵梳理

在讨论如何开展好这项工作之前，我们有必要对"国民教育"概念所指进行探究。"在西方教育史著作中，有关'国民教育'及其相关的概念使用极其纷繁复杂。在西方，国民教育制度与国家教育制度在含义上并不一致。我们认为'国民教育'是指教育对象，也就是民族国家中全体人民的教育，所以它包含'受教育权'的政治意义；而'国家教育'是指国家的教育权力意志，它包含'教育控制权'的政治意义。"（朱旭东，1995）可见，国民教育强调的是教育的公共性，可以说国民教育就是在国家权力机构的统一管理下，通过普及教育的形式实现民众教育。顾明远主编的《教育大辞典》指出，国民教育亦称公共教育，指国家为本国国民（或公民）举办的学校教育，一般为小学和初中教育，有的国家还包括幼儿教育和高等教育。

《中华人民共和国教育法》指出："国家适应社会主义市场经济发展和社会进步的需要，推进教育改革，推动各级各类教育协调发展、衔接融通，完善现代国民教育体系，健全终身教育体系，提高教育现代化水平……国家实行学前教育、初等教育、中等教育、高等教育的学校教育制度……国家实行职业教育制度和继续教育制度。"可见，中国现代国民教育体系包括学前教育、初等教育、中等教育、高等教育，以及职业教育和继续教育。其中，基础教育在国民教育体系中处于基础性、先导性地位。习近平主席就加快发展职业教育作出指示："职业教育是国民教育体系和人力资源开发的重要组成部分，是广大青年打开通往成功成才大门的重要途径，肩负着培养多样化人才、传承技术技能、促进就业创业的重要职责，必须高度重视、加快发展。"中国现代国民教育体系具有全面性、普遍性、开放性特征。《中华人民共和国国民经济和社会发展第十四个五年规划和2035年远景目标纲要》也提出了建

设高质量教育体系，主要包括推进基本公共教育均等化、增强职业技术教育适应性和提高高等教育质量等内容。

### （二）中文纳入各国国民教育体系相关表述

中文纳入各国国民教育体系已取得新进展，并日益引起学界关注，李宇明、吴勇毅、赵金铭、吴遵民、李宝贵、王辉、唐培兰等学者的研究均有涉及，但"中文纳入国民教育体系"这一表述的内涵和条件有待厘清。在分析所查阅文献和新闻报道时我们发现，"被纳入国民教育体系"和"被纳入国民基础教育体系"常常混用，纳入标准也未明晰。通常而言，中文纳入各国国民教育体系是指各国"通过颁布法令、政令，教学大纲和课程大纲等形式，将中文纳入基础国民教育体系"。李宝贵、庄瑶瑶（2020）将"中文被纳入国民教育体系"简称为"中文纳入"，并对其进行概念界定，指"海外各国通过颁布法令、教学大纲等形式，以大中小学开课、高中会考、中文专业学历教育等方式，在国民教育体系的各个学段进行中文教育"。该文将大学也作为国民教育体系的一部分。大学阶段的中文学习能否算作中文纳入他国的国民教育体系？

《中国语言文字事业发展报告（2018）》指出，到 2017 年，已经有 170 多个国家开设中文课程或者中文专业。如果大学开设也计算在内的话，中文应该进入了 170 多个国家的国民教育体系。不同认识说明该论述还有待斟酌。另外，在概念的选择上，不同学者也有差异。李宇明、唐培兰（2020）使用了"基础教育体系"而非"国民教育体系"。

可见，不同学者就中文纳入各国国民教育体系的内涵和相关表述均略有差异，如目前存在中文纳入"国民教育体系""国民基础教育体系""国民教育序列""义务教育系统""国家教育体系""中小学教育体系""国民教育序列""外语教育体系"等说法，甚至各方对中文纳入各国教育体系所涉及的认定标准、受众层级、路径渠道、纳入程度等也有不同意见。

### （三）中文纳入各国国民教育体系的重要组成内容

参照中国现代国民教育体系的组成内容，将中文纳入各国国民教育体系的内容应该包括所在国教育部门所涵盖的学前教育、初等教育、中等教育、高等教育、职业教育和继续教育等各个类别。这样，中文纳入各国国民教育体系所包含的内容就不仅仅局限于中小学基础教育，还包括高等教育和成人教育。从工作推动层面来看，这是宽口径、符合实际情况的现代化国民教育体系。2015 年 9 月 25 日，"联合国可持续发展峰会"通过了一份由 193 个会员国共同达成的成果文件，即《变革我们的世界：2030 年可持续发展议程》[①]。该文件指出："我们承诺在各级提供包容和平等的优质教育——幼儿教育，小学、中学和大学教育，技术和职业培训。所有人，特别是处境困难者，无论性别、年龄、种族、族裔为何，无论是残疾人、移民还是土著居民，无论是儿童还是青年，都应有机会终身获得教育，掌握必要知识和技能，充分融入社会。"这充分体现了对各级各类教育的关照。

这也同时造成中文被纳入各国国民教育体系工作具有以下特点。一是复杂性。中文教育项目涉及 180 多个国家，各国中文教育情况千差万别，往往还与政治、外交、文化、经贸等因素相关。二是差异性。各国国情不一，各国教育体系架构差异，各个水平中文学习者和受众需求不同，推动方式多种多样。三是适用性。各国具体需求不同，支持将中文纳入教育体系的渠道和内容多变，需要"一国一策"，有针对性地开展相关工作。

## 二、中文纳入各国国民教育体系工作基础

### （一）中国推进国内外语教育发展的重要举措

新中国的外语教育发展历程对推进中文纳入各国国民教育体系工作具有

---

① 参见：中华人民共和国商务部，https://sustainabledevelopment.un.org/content/documents/94632030%20Agenda_Revised%20Chinese%20translation.pdf。

重要的借鉴和启发意义。目前，中国已将英语等 6 种外语纳入高等学校入学考试科目，教育部《2022 年普通高等学校招生工作规定》第 18 条规定："全国统考科目中的外语分英语、俄语、日语、法语、德语、西班牙语等 6 个语种，由考生任选其中一个语种参加考试。"文秋芳、常小玲（2021）总结梳理了中国百年外语教育主要历史事件、重点举措、成果经验等。其中，推进外语教育发展的重要方式主要有六种。一是举办工作会议，如为提高俄语教学质量，教育部于 1951 年和 1953 年召开过两次全国俄文教学工作会议，并先后于 1978 年、1982 年、1986 年召开过三次全国外语工作会议，奠定了中小学外语发展的基本方向。二是制定发展规划，如教育部会同其他部门于 1964 年制定《外语教育七年规划纲要》，该纲要成为新中国首部外语教育纲要。三是颁布政策文件，如国务院 1979 年 3 月 29 日颁布《加强外语教育的几点意见》，对我国外语教育走向正轨、健康发展具有重要历史意义。2001 年 1 月印发的《教育部关于积极推进小学开设英语课程的指导意见》指出，把从小学开设英语课程作为 21 世纪初基础教育课程改革的重要内容。四是制定教学大纲，如 1956 年 4 月召开教学大纲审定会议，并一次性通过俄语专业 15 门课程的教学大纲，同年颁发《高级中学俄语教学大纲（草案）》。1979 年教育部委托清华大学、北京大学起草《英语教学大纲（高等学校理工科本科四年制试用）（草案）》。五是出版专门教材，如 1980 年教育部批准成立高等学校理工科公共外语教材编审委员会及英语、俄语、日语、德语等编审小组。1980 年至 1982 年两套不同起点的理工科本科生英语教材正式出版。六是举办相关考试，如 1987 年 9 月我国自主研发的全国大学英语四级考试首次举行，1989 年 1 月全国大学英语六级考试首次举行。

## （二）中国支持各国将中文纳入国民教育体系的重要政策

国际中文教育是教育国际交流合作的重要组成部分，是中国提供给世界的语言公共产品，是中国融入世界、世界了解中国的重要平台。开展国际中文教育，为世界各国民众学习中文提供帮助，是中国作为母语国义不容辞的责任。长期以来，中国高度重视、配合和支持各国开展中文教学工作，积极配合和支持各国开展多层次中文教学，将其作为人文领域人类命运共同体建设的重要内容。例如，2016 年教育部关于印发《推进共建"一带一路"教育行动》[①]的通知指出："促进沿线国家语言互通。研究构建语言互通协调机制，共同开发语言互通开放课程，逐步将沿线国家语言课程纳入各国学校教育课程体系。拓展政府间语言学习交换项目，联合培养、相互培养高层次语言人才。"2017 年中共中央办公厅、国务院办公厅印发的《关于加强和改进中外人文交流工作的若干意见》[②]指出："要构建语言互通工作机制，推动我国与世界各国语言互通，开辟多种层次语言文化交流渠道。着力加大汉语国际推广力度，支持更多国家将汉语教学纳入国民教育体系，努力将孔子学院打造成国际一流的语言推广机构。"2020 年《国务院办公厅关于全面加强新时代语言文字工作的意见》[③]指出："建立与重点国家语言文字工作机构的政策、规划交流机制。推动将语言文字交流合作纳入政府间人文交流机制、'一带一路'文化交流与合作建设工程。"2020 年《教育部等八部门关于加快和扩大新时代教育对外开放的意见》[④]提出："建立中国特色国际课程开发推广体系，优化汉语国际传播，支持更多国家开展汉语教学。"

## 三、中文纳入各国国民教育体系途径方法

当前各国将中文纳入国民教育体系的方式是多样的，内容非常丰富，覆

---

① 参见：《推进共建"一带一路"教育行动》，中华人民共和国教育部官网，http://www.moe.gov.cn/srcsite/A20/s7068/201608/t20160811_274679.html?eqid=b47ec59b000743bb0000000364890ec1。

② 参见：《关于加强和改进中外人文交流工作的若干意见》，中华人民共和国中央人民政府网，https://www.gov.cn/zhengce/2017-12/21/content_5249241.htm?trs=1。

③ 参见：《国务院办公厅关于全面加强新时代语言文字工作的意见》，中华人民共和国教育部官网，http://www.moe.gov.cn/jyb_xxgk/moe_1777/moe_1778/202111/t20211130_583564.html。

④ 参见：《教育部等八部门全面部署加快和扩大新时代教育对外开放》，中华人民共和国中央人民政府网，https://www.gov.cn/xinwen/2020-06/18/content_5520156.htm。

盖范围广泛。笔者通过查询相关网站、论文等公开信息，对各国纳入方式进行了初步梳理，可归纳为以下八种类型。

## （一）宣布政令规划

1992 年泰国教育部将中文课程列入中小学课程目录，并推出《泰国促进汉语教学，提高国家竞争力战略规划》等政策，推动中文教育快速发展。

2005 年巴拿马国家自由党议员阿图罗·阿劳斯提交法案，建议将中文列入全国公立和私立中小学必修课，2007 年巴议会通过了此项法案。

2014 年布隆迪参议院通过了关于确立基隆迪语、法语、英语和斯瓦希里语为官方语言，以及要求布隆迪的学校教授中文的法案。

2019 年沙特阿拉伯王储穆罕默德·本·萨勒曼结束访华之际，沙特阿拉伯宣布将中文纳入所有教育阶段的课程之中，使沙特阿拉伯的教育更具多元性。

## （二）签署协议备忘录

2019 年中格（格鲁吉亚）签署了《关于促进中文教育的合作备忘录》。

2019 年中阿（阿联酋）签署了《关于将汉语纳入阿拉伯联合酋长国中小学教育体系的谅解备忘录》。

2020 年中爱（爱尔兰）签署了《中华人民共和国教育部与爱尔兰教育部关于在爱尔兰中学引入汉语教学的谅解备忘录》。

2020 年中埃（埃及）签署了《关于将汉语纳入埃及中小学作为选修第二外语的谅解备忘录》。

2020 年中古（古巴）签署了《汉语教学合作协议》。

2021 年中瓦（瓦努阿图）签署了《关于合作开展瓦努阿图中小学中文教育项目的谅解备忘录》。

2022 年中泰（泰国）相关机构签署了《关于加强中文教学合作的框架协议》。

2022 年中基（基里巴斯）签署了《关于合作开展基里巴斯中文教育项目的谅解备忘录》。

### （三）制定教学大纲

法国教育部于 2002—2008 年依次颁布了高中一年级、二年级和毕业年级的汉语教学大纲，初中第一阶段、第二阶段的汉语教学大纲，小学汉语教学大纲和中文国际班中国语言及文学大纲等 7 份基础教育阶段汉语教学大纲文件。

2012 年瑞典政府指示瑞典国家教育总署出台 1 份新的现代语言教学大纲以适应中文教学需求，并于 2014—2015 学年正式执行。

2015 年南非基础教育部颁布了《汉语作为南非学校第二语言教学大纲》，规定从 2016 年开始中小学陆续开设中文选修课。

2016 年意大利教育部正式颁布《适合全意高中汉语文化教学实际的国别化大纲》，为全国范围内汉语文化教学提供指导性意见和规范化要求。

2020 年保加利亚教育与科学部正式颁布部长令，发布基础教育和中等教育阶段（1 ~ 12 年级）中文教学大纲。

### （四）列入考试科目

2008 年英国将汉语列入"普通中等教育证书"考试科目，汉语被纳入素有"英国高考"之称的英国普通中等教育证书考试高级水平课程（A-Level）。

2009 年以色列教育部将汉语纳入中小学教育体系。2011 年时任以色列教育部部长基甸·萨阿提议，将汉语正式列入高中毕业考试的选考科目。

2015 年白俄罗斯首批选择汉语作为高考外语科目的中学毕业生参加了当年的大学入学考试。

2015 年荷兰教育部宣布将从 2017—2018 学年起，把汉语正式列入中学毕业考试外语选考科目，2018 年荷兰教育国际化组织宣布本学年汉语已正式成为荷中学毕业考试的外语选考科目。

2017 年爱尔兰教育部发布未来 10 年外语教学战略，从 2020 年起将中文列为高中外语选修科目，从 2022 年起设立高考中文考试，当年约有 100 人报考。

2019 年俄罗斯首次将汉语科目考试纳入了国家统一考试（俄中学生毕业考试，相当于中国高考）。

### （五）开设选修课程

印度尼西亚国民教育部决定在 2004—2007 年逐步在 8000 余所高中开设汉语选修课，将汉语列为学生选修外语之一。

2011 年菲律宾教育部首次在部分公立中学开设汉语课程。

2012 年印度中等教育中央委员会决定将汉语列入外语课程，首期在 500 所中学开设汉语课，并逐步在其下辖的 11 500 所中学普及。

2014 年希腊教育部正式作出在雅典大学实验高中和雅典市第二示范实验中学开设 4 个汉语班的决定，汉语成为继英语、法语、德语、日语等之后正式进入希腊中学语言教学体系的语言。

2016 年罗马尼亚教育部正式发文确认将汉语列入中小学最新外语语言课程，将汉语纳入国民教育体系。

赞比亚政府宣布从 2020 年起，在全国 1000 多所中学的 8 ～ 12 年级开设汉语普通话课程。

### （六）实施重要项目

法国教育部于 2008 年设立中文国际班项目，提高中文在法国国民教育体系中的地位，目前已超过 55 个。

澳大利亚政府于 2008 年制定《国家学校亚洲语言学习计划》，计划在未来四年投资约 5900 万元，增加学生熟悉中、日、韩等国家语言文化机会。

智利教育部于 2009 年开展"外语开门计划"，决定将汉语纳入语言教育计划，并将全国汉语教学试点中学增至 15 所，这是继英语、法语和德语后第四种纳入该计划的外语。

英国教育部于 2016 年启动实施"中文培优项目"（MEP），计划五年内投入 1000 万英镑，培养出至少 5000 名中文流利的中学生，目前已有 7000 名英国学生在该项目注册。

哥斯达黎加政府于 2020 年出台"双语教育计划",计划到 2040 年国内所有在校学生采用除西班牙语之外的第二语言,如英语、法语、葡萄牙语、汉语、意大利语或德语等进行阅读、写作和交谈。

## (七)设立专门岗位

2006 年为保障基础教育阶段汉语教学的质量,法国教育部任命白乐桑教授为首任汉语教学总督学,随后又陆续任命了 2 名地方专职汉语教学督学和 3 名地方兼职督学。

2010 年以色列教育部设立了汉语教学督导岗位,目前由柯塔梅女士担任。

2018 年杜迪被喀麦隆总理任命为喀麦隆中等教育部汉语总督学,主要负责汉语教学政策规划、教学大纲编写等工作。

2020 年中古(古巴)签署汉语教学合作协议,古方将分别指派一名国家级、省级和市级初级中等教育教学督导,在指定中学或双方商定增设的中学督导汉语教学的开展。

## (八)举办双语学校

匈中双语学校创办于 2004 年,形成了从小学到高中的完整体系,当时是匈牙利乃至中东欧地区唯一一所同时采用所在国语言和汉语作为教学语言的十二年制公立学校,成为匈牙利儿童学习汉语、了解中华文化的重要平台。

2008 年赫尔辛基美湾学校成为芬兰第一所按照芬兰教育部大纲进行中芬双语教学的公立学校,该校由芬兰前总理埃斯科·阿霍担任总裁的"芬兰国家创新基金"提议建立,在小学一年级到初中三年级正式开设中文教学课程,并获得欧盟和芬兰全国教育委员会联合颁发的"欧洲语言教学创新奖"。

总而言之,各国将中文纳入教育体系的方式多种多样,部分有重叠。中文作为一种外语被各国纳入教育体系，主要是通过所在国教育主管部门颁布法令、政令等方式，正式将中文作为选修或必修课列入相关阶段课程大纲、考试大纲等。中文被纳入他国国民教育体系具有长期性特点，很多基础性的教学支持、长期性的政策推进和阶段性的重要项目成果都是取得重要进展的标志。

## 四、发挥高校办学主体作用和支撑作用

高校在融通中外文化、增进文明交流中具有独特而重要的作用。例如在为各国提供优质的中文公共产品、配合和支持各国将中文纳入国民教育体系、推动中国语言文化海外传播等方面，高校可以充分发挥办学主体作用和支撑作用。

### （一）发挥学科支撑优势

从根本上讲，中文被各国纳入教育体系，有赖于国际中文教育学科建设的深入发展。国际中文教育是一个交叉学科，涉及语言学、教育学、历史学和哲学等。高校拥有涵盖历史、经济、政治、文化、社会等在内的学科体系，是推动中华优秀传统文化创造性转化、创新性发展的重要基地，发挥着国际中文教育办学主体作用。发挥好高校学科建设在推动国际中文教育可持续、高质量发展中的基础性和先导性作用，有利于提升中文教师的培养质量和水平，助推精品教学资源的研发和供给，深化国际中文教育理论和对策研究。

### （二）发挥人才聚集优势

推动中文被各国纳入国民教育体系工作的核心是人，专业化、职业化中文师资队伍是支撑国际中文教育事业发展的关键。高校是人才集结地，可以提供坚实的智力支持。具体而言，国际中文教育领域教师、教材、课程、考试及相关标准的研发与完善，与世界各国教育机构合作研发本土教材和课程大纲，派遣中文教学顾问专家，开展本土中文师资培训等，均需发挥高校相关领域专家的主力作用。每年有成千上万名国际中文教师和志愿者出国任教，高校作为国际中文教育师资的主要来源，承担着选拔、培训、派出和管

理的工作。这些教师和志愿者被誉为"美丽的中国名片"和"可爱的民间大使",已成为中外教育文化交流的重要力量。

### (三) 发挥交流合作优势

高校肩负着人才培养、科学研究、社会服务、文化传承创新、国际交流合作的重要使命。高等教育在教育对外开放中发挥着基础性、全局性的重要作用。国际中文教育的教学合作、师生交流、文化互动等,主要由中外高校在平等互利基础上自愿开展。推动中文纳入各国国民教育体系是大规模开展中文教学的重要举措,需要高校久久为功、持续支持。发挥高校的国际交流合作优势,充分彰显中文教育的民间属性,有利于实现优质教育资源共享,推进国家间教育政策沟通,增进各国人民的友谊,践行构建人类命运共同体理念。

## 五、推动中文纳入各国国民教育体系的策略和建议

### (一) 依托高校深入开展国别中文教育调研

一是摸清情况。国际中文教育受政治、经济、语言和文化等综合因素影响。180多个国家开展中文教育,75 000多所院校、机构开设中文课程,全球累计学习使用中文的人数接近2亿,中外合作开展中文教育项目的院校近2000家。国内开设汉语国际教育硕士专业学位的院校有196所,平均每年派出的国际中文教师和志愿者有上万人。国际中文教育涉及面广,覆盖范围大,需要发挥高校国际交流合作优势,分门别类开展国别中文教育情况调研,了解各国外语教育政策、中文教学需求和最需要的资源支持,以及推动中文纳入各国国民教育体系的路径。

二是遵循惯例。很多国家都对本国语言全球推广使用情况开展机制性常态化调研,为其语言和文化推广掌握数据、总结经验、研究问题和制定规划打下基础,进而推动供给侧改革,采取更为精准的推广举措,如日本国际交

流基金海外机构每隔 3 年会在全世界范围内对各国的日语教育情况进行一次调查，并将调查结果编成《海外日语教育现状》《国别日语信息》两份报告在网上公布。该调查始于 1979 年，到 2021 年为止共进行了 13 次调查，是全球范围内关于日语教育情况唯一的最大规模的调查（杨峻，2020）。其主要调研模式也是依托各国高校和专业机构实施的。

三是有序开展。国情、语言和阶段不同，国别中文教育调研的方式也应差异化开展，要循序渐进、"一国一策"。首先，政府或专业机构需提供必备的资金支持，制定调研指标和实施路径；其次，高校需发挥国际交流合作、学科支撑和人力资源优势，探索共建区域国别研究中心，通过项目合作持续、长期开展国别中文调研，并基于调研数据形成报告；最后，高校还可以推进国别与区域研究的人才培养、平台建设和对外交流等。

### （二）强化官方层面的沟通对接

一是官方支持。国民教育体系是各国教育体系的核心，围绕中文纳入国民教育体系，各国推出宣布政令规划、签署协议备忘录、制定教学大纲、列入考试科目等举措，需要所在国家领导人、教育主管部门等官方认可，实施过程还受国家间外交关系、经贸联系、交流合作等综合因素的影响。我们应积极利用中外政府签署联合声明、公报等机制，中外教育部门商签教育合作协议等形式，重点支持中文纳入各国外语教育体系，为后续高校推动开展相关工作提供重要依据和政策指导。

二是经贸促进。目前，中国已经发展为世界第二大经济体、第一大货物贸易国、第一大外资吸收国，对全球经济增长的年均贡献率接近30%。中国是120多个国家和地区的最大贸易伙伴，在华设立的外资企业已经超过 100 万家。语言不仅具有社会属性、文化属性，同时也具有经济属性。语言数据已经进入生产要素范畴，语言产业已经成为重要的经济产业，语言信息技术在国家信息化、智能化建设中具有基础支撑作用。国家的语言规划和经济规划，都需要有语言经济意识，重视发挥语言的经济作用（李宇明，2021）。注重发挥中文经世致用功能，推动"中文＋职业"教育大发展，支持各国开展中文教育。

三是尊重规律。教育具有其客观规律，中文教育既是语言教学也是文化交流，尤其是将中文纳入各国教育体系工作涉及多重因素，要润物无声、细水长流，要科学谋划、注重实效，重在满足各国教学需求，重在持续用力、久久为功。加强海外国家教育体系融入机制研究，熟悉当地相关教育政策与规划，掌握当地教学资源市场化规律，充分认识工作的长期性和系统性，尤其是充分尊重各国本土需求、区域特色和风俗习惯等。

### （三）强化资源倾斜和政策支持

一是推动标准建设。构建标准体系是建设中文传播平台和推动中国语言文化全球传播行稳致远的基础。面对新时期教育多样化、个性化新需求，要与时俱进制定和完善包括助推中文进入各国国民教育体系在内的系列标准，加大《国际中文教育中文水平等级标准》《国际中文教育用中国文化和国情教学参考框架》等的应用推广，着力增强标准的权威性和可操作性，并配合做好与相关区域和国家标准的对接，切实使之发挥指导和保障作用。

二是打造资源体系。国际中文教育资源建设是推动中文纳入各国教育体系的水之源、木之本，在中文传播的起步阶段，各国中文教学本土化程度不高、内涵发展不够，有赖于中方持续提供多元、优质的教学资源服务。经过多年努力，中文教学资源建设取得了重要进展，各类中文教材近 2 万种，覆盖了 80 个语种，教材体系日益完善，涵盖了各个教育层次和不同语言水平，每年平均向 101 个国家的 1200 余个中文教学机构发行。未来我们尤其需要健全资源研发和推广体系，提高教学资源的数字化、智能化水平。

三是精准服务。支持中文纳入各国国民教育体系工作，在一定意义上来说，像一份推销员的工作，一方面"顾客"有现实需求但未必着急购买，"推销员"要随时掌握"顾客"对产品的个性化需求，同时最重要的是推销员的"产品"样式要全、质量要高、配给要快,然后经过不断宣传、推广才能促成交易。我们既需要为需求国提供一体化"课程、资源、教学、师资、评估"一揽子解决方案和服务支撑,又需要持续加大对教学资源建设项目资助力度,择重点、分批次推动更多中文教学资源融入更多国家基础教育体系和主流市场渠道。

中国语言文化全球传播是一项系统工程,不仅要积极完善国际中文教育系列标准,打造中文传播优势产品和品牌,还要提高产品和服务意识,主动了解各国民众学习需求。配合和支持各国开展多层次中文教学并使之纳入国民教育体系是其中的"牛鼻子"。当前,国际中文教育面临资金短缺、教学数字化转型等多方面的挑战,必须充分发挥中方高校的办学主体作用和支撑作用,于危机中育先机、于变局中开新局,科学谋划、精准施策,推动国际中文教育行稳致远。

# 第七章

## 中国语言文化国际传播总体策略探析

习近平强调："要深刻认识新形势下加强和改进国际传播工作的重要性和必要性，下大气力加强国际传播能力建设，形成同我国综合国力和国际地位相匹配的国际话语权。"讲好中国故事，传播好中国声音，展示真实、立体、全面的中国，是加强我国国际传播能力建设的重要任务。《中华人民共和国国民经济和社会发展第十四个五年规划和2035年远景目标纲要》提出："建设中文传播平台，构建中国语言文化全球传播体系和国际中文教育标准体系。"（以下简称为"一平台、两体系"）"一平台、两体系"建设之间具有内在的紧密联系，是新时期促进国际中文教育创新发展的重要载体。提高我国国际传播能力，离不开中国语言文化全球传播体系和国际中文教育标准体系的建设。要想实现"一平台、两体系"，首要在于明确语言文化传播的路径宗旨，重点在于打造传播体系和传播平台，关键在于加强系列标准的应用推广。

## 一、学习领会语言文化传播的路径宗旨

关于语言文字在文明互鉴和助推人类命运共同体建设过程中起到的重要作用，很多学者进行了重点论述。李宇明在给王春晖《语言治理的理论实践》一书的序言中写道："国家出行，语言先行。中国走向世界，需要中文走向世界。第一是中文教育，第二是中文在国际社会的应用。教育是为了国际应用，没有应用，教育就没有动力，没有方向。目前国际关系正在微妙变化，国际中文教育面临重大挑战和特殊机遇，需要具有战略定力，并要有新思维新举措，'危'中寻'机'，化'危'为'机'。"（王春辉，2021）"无论是构建中华民族共同体还是人类命运共同体都需要做到民心相通，'语言'就是连通心灵的'路'和'桥'。"（文秋芳，2021）

"党的十八大以来，习近平总书记以宽广全球视野、深邃战略思维、博大领袖襟怀，深刻把握历史发展规律和人类前途命运，多次在联合国、二十国集团、亚太经合组织、金砖国家等多边机制会议上发表重要讲话，提出一系列富有中国特色、符合国际期待、顺应历史大势的新理念新倡议新主张，为弘扬、

践行和发展多边主义提供了重要战略引领，得到国际社会广泛赞誉。"（王毅，2021）习近平的系列重要讲话和发表的文章中包含很多关于语言文字交流合作的重要论述，这既传承了中华文明"天下为公"的世界情怀，也显示了独具个性的语言风格，展现了中国语言文字的独特魅力。深入学习领会这些重要论述精神，为我们明确语言文化传播的路径和宗旨提供了重要指引。以下摘录均出自人民网"习近平系列重要讲话数据库"，具体内容详见本章附录。

**（一）领会语言文字交流合作"桥梁论""钥匙论""朋友论"**

1. "桥梁论"。根据《现代汉语词典》（第 7 版）中的解释，"桥梁"为架在水面上或空中以便行人、车辆等通行的构筑物，或比喻能起沟通作用的人或事物。习近平多次在讲话和文章中强调，语言文字事业要发挥沟通中外、民心相通的桥梁、纽带作用。例如，2010 年 3 月 23 日，习近平出席俄罗斯"汉语年"开幕式并发表致辞指出，应借助语言文字这一沟通桥梁，使中俄人文交流扩展至各个领域。长期以来，俄罗斯翻译家精心翻译出版了中国大量的古典文学、哲学等方面的著作。中国翻译家也将许多俄罗斯文学经典作品翻译推介给中国读者。2014 年 9 月 27 日，习近平致信祝贺全球孔子学院建立十周年暨首个全球"孔子学院日"时指出："你们在来信中谈到，孔子学院是中国为世界和平与国际合作而不懈努力的象征，是连接中国人民和世界人民的纽带，并对孔子学院的光明未来充满信心。我对此深表赞赏。"2015 年 10 月 22 日，习近平在伦敦出席全英孔子学院和孔子课堂年会开幕式时指出，孔子学院和孔子课堂的教职工为介绍中华文化、沟通人民心灵、搭建友谊桥梁倾注了大量热情和心血。作为中外语言文化交流的窗口和桥梁，孔子学院和孔子课堂为世界各国民众学习汉语和了解中华文化发挥了积极作用。2016 年 6 月 21 日，习近平在乌兹别克斯坦《人民言论报》发表署名文章指出："人文合作成为凝聚两国人民情感的纽带。双方合作办学的塔什干孔子学院是中亚第一所孔子学院，11 年来培养了 3000 多名中乌友好使者。"2019 年 3 月 20 日，习近平在意大利《晚邮报》发表署名文章指出："意大利汉学家层出不穷，为中欧交往架起桥梁。从编写西方第一部中文语法书的卫匡国，到撰写《意大利与中国》的白佐良和马西尼，助力亚平宁半岛上的'汉学热'长盛不衰。"

2."钥匙论"。根据《现代汉语词典》（第 7 版）中的解释，"钥匙"为开锁或上锁的用具，或比喻解决问题的方法、门径。习近平高度重视语言在国家文化传承和中外文明互鉴中发挥的关键和核心作用。例如，2010 年 6 月 20 日，习近平在出席澳大利亚皇家墨尔本理工大学中医孔子学院授牌仪式的致辞中强调，中医药学凝聚着深邃的哲学智慧和中华民族几千年的健康养生理念及其实践经验，是中国古代科学的瑰宝，也是打开中华文明宝库的钥匙。2014 年 3 月 27 日，习近平在联合国教科文组织总部的演讲中指出，世界上有 200 多个国家和地区，2500 多个民族和多种宗教。如果只有一种生活方式，只有一种语言，只有一种音乐，只有一种服饰，那是不可想象的。让收藏在博物馆里的文物、陈列在广阔大地上的遗产、书写在古籍里的文字都活起来，让中华文明同世界各国人民创造的丰富多彩的文明一道，为人类提供正确的精神指引和强大的精神动力。2014 年 3 月 30 日，习近平在同德国汉学家、孔子学院教师代表和学习汉语的学生代表座谈时强调，沟通交流的重要工具就是语言。一个国家文化的魅力、一个民族的凝聚力主要通过语言表达和传递。掌握一种语言就是掌握了通往一国文化的钥匙。学会不同语言，才能了解不同文化的差异性，进而客观理性看待世界，包容友善相处。2015 年 10 月 22 日，习近平在伦敦出席全英孔子学院和孔子课堂年会开幕式时强调，语言是了解一个国家最好的钥匙，孔子学院是世界认识中国的一个重要平台。目前，英国已经建立起 29 所孔子学院和 126 个孔子课堂，数量居欧洲之首。全英孔子学院取得的硕果也是中英人文交流蓬勃发展的缩影。通过人文交流，中英两国文化中的精华正在对两国人民的思维方式和生活方式产生着奇妙的"化学反应"。2019 年 11 月 1 日，习近平致信祝贺甲骨文发现和研究 120 周年时指出，殷墟甲骨文的重大发现在中华文明乃至人类文明发展史上具有划时代的意义。甲骨文是迄今为止中国发现的年代最早的成熟文字系统，是汉字的源头和中华优秀传统文化的根脉，值得倍加珍视、更好地传承发展。

3. "朋友论"。根据《现代汉语词典》（第 7 版）中的解释，"朋友"指彼此有交情的人，或指恋爱对象。习近平提出的构建人类命运共同体理念在语言文字领域的生动体现是语言文字交流合作，其宗旨就是促进各国民众增进理解、沟通心灵，发展长久友谊、成为知心朋友。例如，2020 年 2 月 15 日，习近平复信美国犹他州卡斯卡德小学学生时指出："汉语是世界上十几亿人使用的语言，通过学习汉语你们可以更多了解中国历史文化。很高兴看到你们的汉字写得这么好，汉语学得这么棒。希望你们继续加油，取得更大进步，做中美两国人民友谊的小使者。"2019 年 6 月 26 日，习近平在给"熊猫杯"征文大赛获奖的日本青年的复信中指出："得知你长期学习中文并研究中国文学，通过积极参加征文比赛和访华交流活动，增加了对中国的认识、加深了同中国朋友的感情，我感到很高兴……中日是一衣带水的近邻，两国友好的根基在民间，两国人民友好的未来寄望于青年一代。希望中日两国青年加强交流互鉴、增进相互理解、发展长久友谊，为开创两国关系更加美好的明天作出积极贡献。"2019 年 4 月 21 日，习近平复信美国伊利诺伊州北奈尔斯高中学生时提到，学习中文可以更好了解中国，结识更多中国朋友，也可以结识很多会说中文的世界各国朋友。2019 年 3 月 17 日，习近平给意大利罗马国立住读学校师生回信指出："你们学校成功开办中文国际理科高中，培养了一批有志于中意友好事业的青年。同学们在信中介绍，通过孔子课堂项目有机会近距离了解中国，看到了世界的广阔与多元文化的价值。这是你们通过学习实践得来的收获。你们立志促进中意青年思想对话和文化交流，促进中意人民友谊，我对此十分赞赏。希望你们做新时代的马可·波罗，成为中意文化交流的使者。"2018 年 12 月 3 日，习近平在葡萄牙《新闻日报》发表的文章中指出："深化人文交往，做传承友谊的使者。双方商定于明年互办文化节，加强展览、演出、影视、传媒等方面合作。双方要不断深化语言教学合作，扩大留学生交流规模。"

### （二）以语言文字交流合作推动构建人类命运共同体

习近平主席"既指出语言文字是载体、是桥梁、是纽带、是钥匙，同时又指出语言文字是文化和文明的象征和标志，是文化和文明的基因和根。既重视工具性又重视人文性，充分体现了对语言文字性质思考的辩证思维。"（姚喜双，2020）可以说，语言文字是中华文化的重要载体、中华文明的重要组成部分，是推动中外文明交流互鉴的坚实桥梁和金钥匙。

关于语言文字交流合作的重要论述是人类命运共同体理念在人文领域的直接体现。2017 年 1 月 18 日，习近平在联合国日内瓦总部发表题为《共同构建人类命运共同体》的主旨演讲，阐述了中国为何要推动构建人类命运共同体、要构建一个什么样的人类命运共同体、怎样构建人类命运共同体这三大基本问题，他强调："坚持交流互鉴，建设一个开放包容的世界。'和羹之美，在于合异。'人类文明多样性是世界的基本特征，也是人类进步的源泉。世界上有 200 多个国家和地区、2500 多个民族、多种宗教。不同历史和国情，不同民族和习俗，孕育了不同文明，使世界更加丰富多彩。文明没有高下、优劣之分，只有特色、地域之别。文明差异不应该成为世界冲突的根源，而应该成为人类文明进步的动力。每种文明都有其独特魅力和深厚底蕴，都是人类的精神瑰宝。不同文明要取长补短、共同进步，让文明交流互鉴成为推动人类社会进步的动力、维护世界和平的纽带。"[①] 之后，习近平在十九大报告中系统阐述了人类命运共同体的丰富内涵和时代价值，其中提到的"促进

---

① 参见：《共同构建人类命运共同体——在联合国日内瓦总部的演讲》，央广网，http://china.cnr.cn/gdgg/20170119/t20170119_523503205.shtml。

和而不同、兼收并蓄的文明交流"也对文明交流互鉴在构建人类命运共同体中的重要作用进行了论述。构建人类命运共同体理念提出以来，逐渐为国际社会所认同，进而推动全球治理体系变革，构建新型国际关系和国际新秩序。

1. 认识"桥梁论"，发挥语言文字作为文明交流互鉴的坚实载体和重要基础作用。随着中国改革开放的不断深入，推动"一带一路"高质量建设，同各国不断深化基础设施建设、产业、经贸、科技创新、公共卫生、人文等领域务实合作，尤其是推动政策沟通、设施联通、贸易畅通、资金融通、民心相通，必须要做到语言先行，发挥语言文字的桥梁纽带作用。"桥梁"重在坚实、宽广、通畅，国际中文教育是教育国际交流合作的重要组成部分，是中国提供给世界的语言公共产品，是中国融入世界、世界了解中国的重要平台。在开展国际交流合作过程中我们要注重开展中文教学，支持办好孔子学院和国际中文教育项目，根据需求开设"中文＋职业技能"培训，推动中文教育市场化发展，为世界各国民众学习中文提供规模更大、类型更多、质量更高的教学服务。

2. 把握"钥匙论"，突出语言文字作为文明交流互鉴的关键因素和重要保障作用。国之交在于民相亲，民相亲在于心相通，心相通在于语相连，在开展中外人文交流过程中要把语言文字合作放在优先位置。"钥匙"重在对口、有效、保障，必须发挥好高校人才培养、科学研究、社会服务、文化传承创新和国际交流合作的重要职能，强化语言学科建设和多语种人才培养，为国际中文教育提供一流教师、教材和教学等资源支撑，配合和支持各国中文教育"百花齐放"。文明互鉴是构建人类命运共同体的重要途径，语言交流合作是推动国家间相互了解和增进友谊的钥匙，中华民族和中华文化的凝聚力、影响力和感召力都呼唤着中文国际地位的进一步提升。

3. 明确"朋友论"，强化语言文字助力增进中外人民友谊的最终目标和发展方向。加强交流互鉴、增进相互理解的最终目标是各国民众发展长久友谊、成为好朋友，这是深化语言文字交流合作的前进方向和落脚点，也是检验中外语言交流合作成功与否的试金石。青年既是传统友谊的传承者，也是友好合作的生力军。2015 年 4 月 7 日，习近平在出席第十五届中越青年友好会见活动时指出："'国之交在于民相亲'，而'民相亲'要从青年做起。"无论是面对面交流，还是信函互动，"友好""友谊"是习近平同各国青年谈心时反复出现的关键词，习近平还多次鼓励他们学好中文、做国与国之间文化交流的使者。国际中文教育的创新发展要聚焦青年人，针对性提供智能化、个性化、沉浸式、游戏化的教学服务，同时注重通过"汉语桥"夏令营、奖学金等邀请各国青年来华实地参观、体验，认识真实、立体、全面的中国，为他们未来做两国友好使者种下友谊的种子。[①]

　　文明因交流而多彩，文明因互鉴而丰富。回顾历史，展望未来，深入开展国际交流合作要加强交流互鉴、增进相互理解、发展长久友谊，要认真学习领会习近平关于教育和语言文化的重要论述，深刻理解语言文字工作在实现中华民族伟大复兴战略全局中的重要作用，深刻把握世界百年未有之大变局给语言文字工作带来的机遇和挑战，深刻把握语言文字工作高质量发展的迫切需求，持续深化中外语言文化交流合作，推动构建人类命运共同体。

## 二、重点打造传播体系和传播平台

　　推动中国语言文化全球传播是一项系统工程，不仅要积极完善国际中文教育系列标准，打造中文传播优势产品和品牌，还要提高服务意识，主动了解各国民众需求。配合各国开展多层次中文教学的重点在于打造传播体系和传播平台，让中国语言文化行稳致远。

### （一）发挥政府部门服务带动作用

　　中外政府声明、公报对促进中文本土化发展乃至纳入各国国民教育体系，

---

① 参见:《习近平出席第十五届中越青年友好会见活动时的讲话》，中国青年报，http: // zqb. cyol. com/html/2015-04/08/nw.D110000zgqnb_20150408_2-04.htm.

起到了政策引导和推动作用。声明、公报一般由中外领导人联合签署，表明双方的基本态度和重要共识。外交部资料显示，2013 年至 2021 年，中外联合签署了 517 份声明、公报（含联合宣言、纲领纲要、规划计划、名录清单等），其中 108 份涉及中文教学及相关内容。中外教育部门合作交流协议也是推动中文纳入所在国家外语教育体系的重要举措。截至 2020 年底，中国已与 188 个国家和地区、46 个重要国际组织建立了教育合作与交流关系，在运行的各级各类中外合作办学机构和项目有 2200 多个，双边多边教育合作协议具有较为明确的项目举措、目标和时间表，其中包含支持中文教学、开发中文教材、开展师资培训和交流互派等内容。此外，政府部门可借鉴"联合国中文日"的形式，探索推动设立国家或国际性语言节日，如"国际中文日"、各国"汉语年"等，增进语言认同，提升文化影响，带动中文进入主流教育体系。

### （二）发挥中方院校重要支撑与办学主体作用

近年来，中外院校秉承"友好协商、平等互利"的原则，合作举办了系列语言文化教育项目，为传播中文、增进国际理解作出了重要贡献。在全球化背景下，坚持中方院校作为中国语言文化传播主体角色，有利于进一步凸显中文传播的公益性，营造良好的国际传播氛围和环境。一个个善于讲述中国故事、传播中国声音的中文教师，是支撑事业发展的水之源、木之本。因此，要提升中国语言文化传播的广度和深度，有赖于以中方院校为主建立一支专业化、职业化、高质量的国际中文教育师资队伍。与此同时，中方院校具有学科专业人才优势，能够在中文教学基础理论研究、教法实践、适用教材研发、教学大纲编写以及本土教师培养培训等方面，为国际中文教育提供全方位、多层次的智力支持，提高中文这一公共产品的标准化和适应性。

### （三）建立健全多层次、多主体的办学体系

语言是交流的工具，是文化的载体。目前全球已有 76 个国家将中文纳

入国民教育体系，4000 多所国外大学开设了中文课程，中国以外正在学习中文的人数约 2500 万，累计学习和使用中文的人数近 2 亿，国际中文教育需求旺盛、基础坚实。[①] 面对如此强劲的学习需求，需要建立健全办学体系，具体举措包括：支持中外高校共建中文院系专业，开设中文课程；支持中文教育、双语学校等；支持孔子学院创新发展，鼓励其持续发挥中外语言文化交流平台功能；充分发挥中外院校办学主体作用，积极吸引中外企业、机构、组织和个人参与办学；借鉴基金会、国际语言传播机构成熟的运作模式来运作项目，继续秉持中文教育的公益属性，逐步推动国际中文教育市场化发展。

### （四）发挥国际社会先进典型的示范引领作用

中文被纳入相关国家考试体系有利于倒逼中文教学质量提高。2019 年，俄罗斯首次把中文科目纳入国家统一考试——俄罗斯高考中，中文成为俄高考外语科目第 5 种选考语言。除俄罗斯外，德国、法国、爱尔兰、荷兰、新西兰等国也将中文列入中高考选考科目，开启了本国大规模、成体系开展中文教学的重要阶段。此外，中文教育项目因得到了中方师资、教材、奖学金等方面的支持，业已成为推动中文本土化发展的重要示范。比如，英国教育部 2016 年启动实施"中文培优项目"（MEP），计划五年内投入 1000 万英镑，培养出至少 5000 名中文流利的中学生，目前已有 7000 名英国学生进行项目注册，英国教育部表示将会把项目资助时间延长至 2023 年并额外投入 1640 万英镑。2008 年法国教育部与中国教育部合作设立中文国际班，提高了中文在法国国民教育体系中的地位，目前已有超过 55 个班。法国共有 170 多所高等院校、900 所中小学开设了中文课程。当前，推进国际中文教育与职业教育融合发展，拓展"中文 +"项目的内涵，提高中文的实用性，已成为提升

---

① 参见：《全球已有 70 多个国家将中文纳入国民教育体系》，光明网，https://epaper.gmw.cn/gmrb/html/2020-12/15/nw.D110000gmrb_20201215_3-01.htm。

中国语言文化传播能力的重要突破点。目前，泰国、马来西亚、坦桑尼亚、埃塞俄比亚等 40 多个国家的中文教学开设了高铁、经贸、旅游、法律等领域课程，助力学员就业和服务当地社会经济发展，同时也带动了当地的中文学习热潮。（尹冬民，2021）

## 三、构建标准体系，加强应用推广

标准是经济活动和社会发展的技术支撑，是国家基础性制度的重要方面。标准化在推进国家治理体系和治理能力现代化中发挥着基础性、引领性作用。国际中文教育标准体系是保障国际中文教育办学质量和效果，满足多样化学习需求的基础。当前，亟须建立健全科学规范、包容开放、便于实施的系列相关标准，对教、学、评、测等各环节予以指导，为各国开展中文教育提供重要参照和服务。

### （一）建立健全系列标准

标准的建立健全不仅意味着一个行业的规范与成熟，更重要的是为行业的高质量发展提供了衡量、参考的必要依据。据悉，中国作为第 5 代移动通信技术的引领者，在无线灵活系统设计、极化码、新型网络架构和大规模天线等关键标准制定上作出了重要贡献，在全球 5G 标准必要专利中，中国企业声明专利数量占比达 34%，位居世界前列；在美食领域，《米其林指南》被认为是全球餐饮业的权威指南，其以评鉴餐馆星级的权威成为美食界的一个重要标杆。经过多年发展，国际中文教育初步建立了教师、教材、课程、项目等系列标准。面对各国不断增长的多层次多样化需求，业界尚需确立统一的行业权威标准，尤其是要兼顾适用性和本土化；集合各国教育行政部门、中文教育机构、院校、中文教师协会和团体等力量，研究制定和完善系列标准。

中国作为中文母语国，十分重视国际中文教育标准研制。1988 年，正式颁布第一部国际中文教育标准《汉语水平等级标准和等级大纲（试行）》。目前，全球各类国际中文教育标准多达 145 部，其中中国主导研发了 39 部，海外各国教育管理部门或权威机构研发了 106 部。[①] 总体上，以水平等级标准为统领，以课程标准、测试标准、教师标准为基础的国际中文教育标准体系初步形成。国际中文教育标准的陆续发布，为各类中文课程和考试全面发展起到了重要推动作用。目前全球各类中文考试参加人数达 750 万人，庞大的基础人群更有利于推动中文教学改革，整体提升中文教学质量和水平，使中文教学朝着科学化、规范化和标准化方向发展（梁宇等，2021）。

经过多方努力，《国际中文教育中文水平等级标准》（以下简称《等级标准》）已由教育部、国家语言文字工作委员会发布，自 2021 年 7 月 1 日起正式实施。《等级标准》借鉴参考了 10 余种较有影响的国际语言标准，并对国内外大中小学及其他各类教育机构开展国际中文教育教学实际情况进行了广泛调研，充分征求国内外专家等各有关方面的意见建议，经反复论证、多次修改后完成。《等级标准》是首个面向外国中文学习者，全面描绘评价学习者中文语言技能和水平的语言文字规范，满足了国际中文教育学习、教学、测试和评估的需求。《等级标准》将学习者中文水平分为"三等九级"，并以音节、汉字、词汇、语法四种语言基本要素构成"四维基准"，以言语交际能力、话题任务内容和语言量化指标形成三个评价维度，以中文听、说、读、写、译作为五项语言技能，从而准确标定学习者的中文水平。《等级标准》将成为国际中文相关标准化、规范化语言考试的命题依据，以及各种中文教学与学习创新型评价的基础性依据，也将为世界各地国际中文教育的总体设计、教材编写、课堂教学和课程测试提供参考，还将为"互联网＋"时代国际中文教育的各种新模式、新平台的构建提供重要依据。

---

[①]　参见：《推进国际中文教育标准体系建设》，中国社会科学网，https://www.cssn.cn/skrmt/skrmt_skws/202209/t20220909_5492210.shtml。

### （二）加大评价和标准推广力度

有了系列规范标准，我们还需持续将其推广和应用并在实践中不断结合质量评价予以优化，从而不断提高标准的权威性和认可度。国际中文教育办学质量评价工作，可以说是标准的延伸，两者同时也是办学质量的"双驱动"。要积极运用标准完善认证认可、检验评价；做好"教练员"和"运动员"角色定位，积极培育成立专门评价组织和机构，独立开展第三方评估或办学质量检测，定期发布办学标准和榜单，加大对优质项目的支持力度，鼓励各类中文教育机构特色发展，发挥评价的办学质量指挥棒和示范引领作用。

注重标准的全球应用推广，提高全球覆盖面和使用率，提升中文国际地位和影响力。目前，在全球145部各类国际中文教育标准中，海外研发的约占73%，中国从系列标准制定到推广任重道远。我们需要进一步深化标准的交流与合作，推进标准信息共享与服务，积极与各国中文教育主管部门或专业机构对接合作，建立互利共赢的伙伴关系，加强中外标准的对接研究，促进政策、规则和标准融通，尤其是制定好推动标准实施的系列配套政策。例如，在语言政策标准制定和推广方面，欧洲理事会文化合作教育委员会制定的《欧洲语言共同参考框架：学习、教学、评估》就有重要参考意义。欧洲是一个多民族、多语言、多国家的地区，欧洲委员会的语言政策部门提出了语言教学应当分级的要求，并致力于建立一个能得到欧洲各国相互承认和采用的共同的参照框架。各国都参照这一框架制定各自语言的教学大纲，开发各自语言的教材，开发各自语言的测试项目（杨惠中，2021年）。下一步，《等级标准》的推广也需要继续加强与各国、各地区语言标准的对接和认证，努力将新标准融入当地教育体系，成为全球语言标准体系的有机组成部分，促进全球语言多样化发展。

构建标准体系是建设中文传播平台和推动中国语言文化全球传播行稳致远的基础。质量提升，标准先行。面对新时期教育理念发展、新技术应用、在线中文教育、"中文＋职业技能"教育等多样化、个性化新需求，要与时俱进制定和完善系列标准。同时，着力增强标准的权威性和可操作性，推动中文教育系列标准国际化，并配合做好与相关区域和国家标准的对接，切实保障国际中文教育高质量发展。

## 四、中国语言文化国际传播思考建议

习近平指出："构建具有鲜明中国特色的战略传播体系，着力提高国际传播影响力、中华文化感召力、中国形象亲和力、中国话语说服力、国际舆论引导力。"[①] 这为加强中国特色国际传播话语体系建设指明了努力方向。

刘琛（2020）认为，中国形象的国际传播可以重点围绕三个中心任务展开。一是传播主体。谁讲故事？中国形象的国际传播需要主心骨，需要明确指导思想、建设目标和主要任务。这是关乎中国形象国际传播发展方向的根本性问题。改革开放以来中国形象国际传播的一般规律证实，中国形象能够提升的基础保障是有民族自信、文化精神和活的灵魂。中国形象赢得尊重的关键在于挺直了腰板。因此，新形势下中国形象的国际传播只有坚持"制度自信、道路自信、理论自信、文化自信"，才能在错综复杂的对华舆论中站稳立定、穿云破雾。二是传播内容。讲什么故事？要深深扎根于厚重的中华文化，以中国特色社会主义实践为支撑，以中国正在做的事情为中心，挖掘、整理、研究、优选、创造、生产、积累、分类、传播中国好故事。根据改革开放以来中国形象国际传播取得的经验，能让其他国家和地区民众从中国故事里，联想到自己国家、民族乃至宗族的杰出代表、特色风物和典型故事，这样的内容最能引起共鸣。三是传播方式。怎么讲故事？改革开放以来中国形象的国际传播与世界其他国家的实践经验都表明，讲好一个国家的故事需要做好顶层设计和系统部署。在此，中国可以借鉴国际传播大国的成功经验，建立层次清晰、相互贯通、协同支撑的责任共同体。中国形象的国

---

① 参见：《加强和改进国际传播工作　展示真实立体全面的中国》，人民网，http:// politics. people.com.cn/n1/2021/0602/c1024-32119745.html。

际传播要围绕传播过程中的核心环节基于塔状链条开展，配合国家战略，生产好、运用好、传播好中国故事，以润物细无声的软力量，推进中外交流与合作。

语言文化是国家文化软实力和国家形象的核心要素，中国语言文化海外传播工作是中国形象国际传播的重要内容和组成部分，做好这项工作也应该重点围绕以下三个中心任务展开。一是提升传播主体能力。坚定"四个自信"，铸牢民族自信、文化精神和活的灵魂，尊重文明交流互鉴的科学规律。突出语言文字的桥梁纽带作用，推动民心相通，加强交流互鉴，增进相互理解，发展长久友谊。重点做好国际中文教育外派人员的选培派管，加强国际中文教育学科建设和人才队伍储备，切实提高外派人员传播能力和综合素养，发挥其"民间大使"和"中国名片"的作用。二是科学凝练传播内容。立足中华民族优秀传统文化，美美与共、天下大同，从构建人类命运共同体的角度，系统挖掘、整理、研究中国语言文化中与其他国家民众引起共鸣的内容。既要分享中国悠久的历史文化，也要坚持古为今用、推陈出新，推动中华优秀传统文化的创造性转化，展示当代中国的崭新风貌。尤其是要科学研究和系统梳理典型文化要素内容，保障传播效果的针对性、有效性和持久性。三是注重创新传播方式。加强统筹部署和规划设计，强化部门协作，充分发挥中方院校的办学主体作用，通过打造优势项目促进教育、文化交流合作，健全国际中文教育传播体系和平台，构建标准体系，加强应用推广，注重国际传播影响力、中华文化感召力、中国形象亲和力、中国话语说服力、国际舆论引导力"五力"并举。我们相信，中国语言文化，以其"和而不同"的理念和智慧，以及"美美与共"的深厚文化底蕴，必将通达四海、行稳致远。

附录 习近平关于语言文字交流合作重要论述摘编（截至 2022 年 3 月）

| 序号 | 时间 | 出处 | 主题词 | 内容摘编 |
|---|---|---|---|---|
| 1 | 2022.2.6 | 在北京人民大会堂会见摩纳哥元首阿尔贝二世亲王 | 语言教学 | 双方要丰富人文交流，开展语言教学合作，艺术团组访演，互办文艺展览，扩大体育、旅游合作 |
| 2 | 2022.1.25 | 在中国同中亚五国建交 30 周年视频峰会上的讲话 | 孔子学院、孔子课堂 | 青年是国家的未来。今后 5 年中方计划向中亚五国提供 1200 个中国政府奖学金名额，优先在中亚国家增设孔子学院、孔子课堂。我们还要举办中国—中亚青年艺术节、"未来之桥" 中国—中亚青年领导人研修交流营等丰富多彩的活动 |
| 3 | 2020.11.30 | 《求是》"建设中国特色中国风格中国气派的考古学 更好认识源远流长博大精深的中华文明" | 甲骨文 | 我国浩如烟海的文献典籍记录了中国 3000 多年的历史，同时在甲骨文发明以前在中华大地还有 1000 多年的文明发展史，超过百万年的人类发展史并没有文字记载 |
| 4 | 2020.9.29 | 在中央政治局第二十三次集体学习时强调 "建设中国特色中国风格中国气派的考古学 更好认识源远流长博大精深的中华文明" | 文字 | 保护好、传承好历史文化遗产是对历史负责、对人民负责。我们要加强考古工作和历史研究，让收藏在博物馆里的文物、陈列在广阔大地上的遗产、书写在古籍里的文字都活起来，丰富全社会历史文化滋养 |

续表

| 序号 | 时间 | 出处 | 主题词 | 内容摘编 |
|---|---|---|---|---|
| 5 | 2020.2.15 | 亲切复信美国犹他州卡斯卡德小学学生 | 语言、汉语、汉字 | 中国和美国一样，是很大的国家。中国有5000多年文明历史。中国人民和美国人民一样热情好客。汉语是世界上十几亿人使用的语言，通过学习汉语你们可以更多了解中国历史文化。很高兴看到你们的汉字写得这么好，汉语学得这么棒。希望你们继续加油，取得更大进步，做中美两国人民友谊的小使者 |
| 6 | 2019.11.10 | 在希腊《每日报》发表题为《让古老文明的智慧照鉴未来》的署名文章 | 孔子学院 | 我们要促进文化交流合作，办好雅典孔子学院和雅典中华文化中心，持续扩大两国人员交往，从两国悠久的文明中汲取源源不断的滋养，做文明对话的表率 |
| 7 | 2019.11.1 | 致信祝贺甲骨文发现和研究一百二十周年 | 文字、甲骨文 | 殷墟甲骨文的重大发现在中华文明发展史上至人类文明发展史上具有划时代的意义。甲骨文是迄今为止中国发现的年代最早的成熟文字系统，是汉字的源头和中华优秀传统文化的根脉，值得倍加珍视、更好传承发展。新中国成立70年来，党和国家高度重视以甲骨文为代表的中华优秀传统文化传承和发展，多部门多学科协同开展甲骨文研究和应用，培养了一批跨学科人才，经过几代人辛勤努力，甲骨文研究取得显著成就。新形势下，要确保甲骨文等古文字研究有人做，有传承。希望广大研究人员坚定文化自信，发扬老一辈学人的家国情怀和优良学风，深入研究甲骨文，阐释好中华文明，为推动中华文明发展和人类社会进步作出新的更大的贡献 |
| 8 | 2019.7.22 | 在北京人民大会堂同阿联酋阿布扎比王储穆罕默德举行会谈 | 中文课程 | 要密切人文交流，中方支持阿联酋在200所学校开设中文课程 |

续表

| 序号 | 时间 | 出处 | 主题词 | 内容摘编 |
|---|---|---|---|---|
| 9 | 2019.7.16 | 致中国文联中国作协成立70周年的贺信 | 书法 | 特别是党的十八大以来，广大文艺工作者坚持以人民为中心的工作导向，深入生活、扎根人民，不断增强脚力、眼力、脑力、笔力，推动我国文艺事业呈现出良好发展态势，文学、戏剧、电视、电影、音乐、舞蹈、美术、摄影、书法、曲艺、杂技、民间文艺、文艺评论等都取得了丰硕成果，弘扬了民族精神和时代精神，为实现国家富强、人民幸福作出了十分重要的贡献 |
| 10 | 2019.6.26 | 给"熊猫杯"征文大赛获奖的日本青年复信 | 中文 | 得知你长期学习中文并研究中国文学，通过积极参加征文比赛和访华交流活动，增加了对中国的认识，加深了同中国朋友的感情，我感到很高兴。中日是一衣带水的近邻，两国友好的根基在民间，希望中日两国青年加强交流互鉴，增进相互理解、发展长久友谊，为开创两国关系更加美好的明天作出积极贡献。希望你更加积极地参与中日友好事业 |
| 11 | 2019.6.12 | 在塔吉克斯坦《人民报》、"霍瓦尔"国家通讯社发表题为《携手共铸中塔友好新辉煌》的署名文章 | 汉语热、孔子学院、孔子课堂、汉语教学、中文 | 民心相通使中塔友好世代相传。"汉语热""塔吉克斯坦热"已在两国蔚然成风。中国多所大学开设了塔吉克语专业和塔吉克斯坦研究中心，两所孔子学院和两所孔子课堂在塔吉克斯坦开展汉语教学工作。不久前，拉赫蒙总统所著《历史倒影中的塔吉克民族》中文版在华出版发行，为中国人民了解塔吉克斯坦提供了新视角。上个月，"塔吉克斯坦文化节"在北京和西安两地成功举办，让中国人民再次领略了塔吉克斯坦文化的魅力。两国人民像走亲戚一样来常往，世代友好更加深入人心；我们要推进民心相通，深化语言教学，名著互译，考古发掘、文物保护、影 |

143

续表

| 序号 | 时间 | 出处 | 主题词 | 内容摘编 |
|------|------|------|--------|----------|
| | | | | 视制作等方面合作，让中塔两个悠久文明在交流融汇中更加多彩。我们要在青少年心中播散友谊种子，培养两国友好事业接班人，让中塔友好薪火相传 |
| 12 | 2019.6.11 | 在吉尔吉斯斯坦《言论报》、"卡巴尔"国家通讯社发表题为《愿中吉友谊之树枝繁叶茂、四季常青》的署名文章 | 孔子学院、孔子课堂 | 中吉人文交流更加热络。2018年，两国人员往来超过7万人次。吉尔吉斯斯坦在华留学生超过4600名。吉尔吉斯斯坦开设4所孔子学院和21个孔子课堂，中方援建的比什凯克第九十五中学成为当地最受欢迎的学校。中吉两国共同举办纪念吉尔吉斯斯坦著名作家艾特玛托夫诞辰90周年系列活动，社会各界反响热烈 |
| 13 | 2019.6.6 | 出席接受圣彼得堡国立大学名誉博士学位仪式 | 汉语、汉学家 | 圣彼得堡国立大学是世界知名学府，历史悠久，名师荟萃，英才辈出，为俄罗斯及世界科学、文化、教育发展作出了杰出贡献，也培养了大批精通汉语和中华文化的汉学家。教育合作是增进人民了解和友谊的重要渠道。近年来，圣彼得堡国立大学同中国高校开展密切交流合作，有力推动了中华文化在俄罗斯的传播，有力促进了俄罗斯研究在中国的发展 |
| 14 | 2019.5.15 | 在亚洲文明对话大会开幕式上的主旨演讲 | 语言 | 人类只有肤色语言之别，文明只有姹紫嫣红之别，但绝无高低优劣之分。认为自己的人种和文明高人一等，执意改造甚至取代其他文明，在认识上是愚蠢的，在做法上是灾难性的！如果人类文明变得只有一个色调，一个模式了，那这个世界就太单调了，也太无趣了！我们应该秉持平等和尊重，摒弃傲慢和偏见，加深对自身文明和其他文明差异性的认知，推动不同文明交流对话，和谐共生 |

续表

| 序号 | 时间 | 出处 | 主题词 | 内容摘编 |
|---|---|---|---|---|
| 15 | 2019.4.26 | 在第二届"一带一路"国际合作高峰论坛开幕式上的主旨演讲 | 汉语桥 | 我们将持续实施"丝绸之路"中国政府奖学金项目,举办"一带一路"青年创意与遗产论坛、青年学生"汉语桥"夏令营等活动。我们还将设立共建"一带一路"国际智库合作委员会、新闻合作联盟等机制,汇聚各方智慧和力量 |
| 16 | 2019.4.21 | 复信美国伊利诺伊州北奈尔斯高中学生 | 中文、汉语 | 感谢你们的来信,我从信中感受到你们对中文的爱好和对中华文化的兴趣。学习中文可以更好了解中国,结识更多中国朋友,也可以结识很多会说中文的世界各国朋友。你们的汉语书写工整、用词规范,"太棒了"!我希望你们继续"加油",在中文学习上取得更大进步。我访问美国,那里优美的风光、热情的人民,多元的文化给我留下深刻印象,也结交了很多美国朋友,包括美国青年朋友。我对哲学、历史、文学、音乐、体育等都有浓厚兴趣,我的很多爱好从中学时代就养成了,一直保持到现在。青年一代是中美友好未来的希望。欢迎同学们珍惜留华、努力学习,为增进中美人民友谊作出贡献。百闻不如一见,希望你们有机会来中国看看 |
| 17 | 2019.3.25 | 在巴黎爱丽舍宫同法国总统马克龙会谈 | 语言 | 要充分发挥中法高级别人文交流机制的统筹协调作用,加强文化、旅游、语言、青年、地方等领域合作,共同办好中法建交55周年和中国留法勤工俭学运动100周年纪念活动,在2021年互办中法文化旅游年 |

续表

| 序号 | 时间 | 出处 | 主题词 | 内容摘编 |
|---|---|---|---|---|
| 18 | 2019.3.23 | 在法国《费加罗报》发表题为《在共同发展的道路上继续并肩前行》的署名文章 | 中文 | 两国友好的根基不断加深。中法已缔成102对友好省区和城市，形成丰富的地方交流合作网络。2018年，中国留法学生数量接近4万，10万多法国学生学习中文，中国赴法游客人数创下历史新高。巴黎成为直飞中国航线最多的欧洲城市之一。密切的人员往来和丰富多彩的人文交流恰似一股股涓涓细流，汇聚成中法友谊的江河 |
| 19 | 2019.3.20 | 在意大利《晚邮报》发表题为《东西交往佳话 中意友谊续新篇》的署名文章 | 中文、汉学家、汉学热、语言教学 | 中意友谊传承于密切的文化交流之中。中意两国人民对研习对方文化抱有浓厚兴趣。中国一位教授在古稀之年开始翻译但丁的《神曲》，几易其稿，历时18载，在临终病榻上最终完成。意大利汉学家层出不穷，为中欧交往架起桥梁。从编写西方第一部中文语法书的卫匡国，到撰写《意大利与中国》的白佐良和马西尼，助力亚平宁半岛上的"汉学热"长盛不衰；双方要加强两国世界遗产地结好，鼓励两国文化机构和个人互办高水平文物和艺术展，联合拍摄影视作品，加强语言教学，促进人员往来，为世界文明多样性和不同文化交流互鉴作出新贡献 |
| 20 | 2019.3.17 | 给意大利罗马国立住读学校师生回信 | 中文、孔子课堂 | 你们的来信收到了，看到同学们能用流畅的中文表达自己的所思所想，我很高兴。你们学校成功开办中文国际理科高中，培养了一批有志于中意友好事业的青年。同学们在信中介绍，通过孔子课堂项目有机会近距离了解中国，看到了世界的广阔与多元文化的价值。这是你们通过学习实践得来的收获。你们立志于促进中意青年思想对话，促进中意人民友好，我对此十分赞赏。青春总是与梦想相伴而行，希望你们做新时代的马可·波罗，成为中意文化交流的使者。你们即将从高中毕业， |

续表

| 序号 | 时间 | 出处 | 主题词 | 内容摘编 |
|---|---|---|---|---|
| 21 | 2018.12.3 | 在葡萄牙《新闻日报》发表题为《跨越时空的友谊 面向未来的伙伴》的署名文章 | 中文、孔子学院、汉语课程、语言教学 | 当代,两国人民友好交往的佳话不断涌现。一对中国老教师夫妇兑服疾病困难,数十年如一日在葡萄牙教授中文,传播中华文化;40年间,双方坚持交流互鉴,共同进步的理念促进人民交往。建交之初,两国每年互访人数屈指可数,当前每年双向人员往来超过30万人次。目前,中国有17所高校设立了葡萄牙语课程,葡萄牙开办了4家孔子学院,多所院校设立了汉语课程。双方在影视传媒、演出展览、深化人文交往,做传承友谊的使者。双方商定于明年互办青年文化节,加强展览、演出、影视,传媒等方面合作。双方要不断深化语言教学合作,扩大留学生交流规模 |
| 22 | 2018.11.30 | 在巴拿马《星报》发表题为《携手前进,共创未来》的署名文章 | 孔子学院 | 巴拿马第一所孔子学院正式开课,中国和中美洲之间首条直条航线成功开通,巴拿马成为中国公民组团出境旅游目的地国。截至今年年底,中方为巴方培养各领域官员和技术人员近6000人,近千名巴拿马学生在华学习。两国学者、智库、新闻媒体往来热络,共同为中巴关系发展建言献策,加油鼓劲。"中国热"和"巴拿马热"在两国同频共振,两国民众对增进彼此交流和相互认知的渴望势如泉涌 |

| 序号 | 时间 | 出处 | 主题词 | 内容摘编 |
|---|---|---|---|---|
| 23 | 2018.11.28 | 在阿根廷《号角报》发表题为《开创中阿关系新时代》的署名文章 | 汉语热、孔子学院、双语学校 | "中国热""汉语热"在阿根廷热度不减。文学巨匠博尔赫斯在《漆手杖》等作品中多次提及庄周梦蝶、长城等中国元素，并且有一根以爱的中国漆手杖；今年，超过80万人次的阿根廷民众参加了在当地举行的春节庙会，孔子学院和公立全日制中西双语学校更是座无虚席。双方还在不断优化航班衔接，便利更多中国游客领略阿根廷冰川、瀑布、高乔文化的魅力 |
| 24 | 2018.11.27 | 在西班牙《阿贝塞报》发表题为《阔步迈进新时代，携手共创新辉煌》的署名文章 | 中文、汉语、孔子学院、汉学家、语言 | 中文和西班牙语是世界两大重要语言。45年间，两国在语言文化等领域合作蓬勃发展。费利佩国王担任王储期间，曾大力推动塞万提斯学院落户北京。今年，西班牙语正式列入中国普通高中课程标准。越来越多的西班牙青年在马德里中华文化中心、孔子学院学习汉语，体验中华文化。雷林科等当代西班牙汉学家笔耕不辍，中国大量西班牙语工作者将西班牙语言文化之美传递到中国 |
| 25 | 2018.11.16 | 同建交太平洋岛国领导人举行集体会晤并发表主旨讲话 | 汉语教学 | 坚持心心相印，增进人民友谊。中方愿支持岛国人才培养和能力建设，扩大汉语教学和人员往来，加强各界交流。中方愿鼓励更多地方省市同岛国开展交流合作 |
| 26 | 2018.9.3 | 在2018年中非合作论坛北京峰会开幕式上的主旨讲话 | 孔子学院 | 中国决定设立中国非洲研究院，同非方深化文明互鉴；打造中非联合研究交流计划增强版；实施50个文体旅游项目，支持非洲国家加入丝绸之路国际剧院、博物馆、艺术节等联盟；打造中非媒体合作网络；继续推动中非互设文化中心；支持非洲符合条件的教育机构申办孔子学院；支持更多非洲国家成为中国公民组团出境旅游目的地 |

续表

| 序号 | 时间 | 出处 | 主题词 | 内容摘编 |
|---|---|---|---|---|
| 27 | 2018.7.22 | 在南非《星期日独立报》《星期日论坛报》《周末守卫者报》发表题为《携手开创中南友好新时代》的署名文章 | 孔子学院、孔子学堂 | 近年来，中南通过互办国家年，正式启动中南高级别人文交流机制等举措，拉近了两国人民的心灵距离，增进了相互了解和友谊。两国教育、文化、科技、卫生、青年、妇女等领域交流合作不断扩大。南非已成为吸引中国游客最多、设立友好省市最多、孔子学院和孔子课堂最多的撒哈拉以南非洲国家 |
| 28 | 2018.7.21 | 在卢旺达《新时代报》发表题为《中卢友谊情比山高》的署名文章 | 孔子学院 | "国之交在于民相亲。"中卢人文交流丰富多彩，越来越多的卢旺达民众对中国和中华文化产生浓厚兴趣。每年有数百名优秀的卢旺达学子获得中国政府奖学金赴华留学。卢旺达大学孔子学院注册学员已近5000人，卢旺达武术协会有2000多名学员 |
| 29 | 2018.7.10 | 在中阿合作论坛第八届部长级会议开幕式上的讲话 | 语言 | 阿拉伯谚语讲，"语言是叶子，行动才是果实"。中国古人讲，"锲而不舍，金石可镂"。让我们发扬丝路精神，一步一个脚印朝着目标前行，为实现中阿两大民族伟大复兴，推动建设中阿利益共同体和命运共同体而不懈努力 |
| 30 | 2017.12.21 | 在北京人民大会堂同来华进行国事访问的冈比亚总统巴罗举行会谈 | 孔子学院 | 双方要加强文化、教育、新闻媒体、青年、妇女、卫生、旅游等各类民间交往，共同建设好孔子学院，筑牢两国友好的民意基础。中方愿同冈方加强国际和地区事务中沟通协调，为维护好西非地区和平稳定作出贡献 |

续表

| 序号 | 时间 | 出处 | 主题词 | 内容摘编 |
|------|------|------|--------|----------|
| 31 | 2017.7.4 | 在德国主流媒体发表题为《为了一个更加美好的世界》的署名文章 | 语言年、孔子学院、孔子课堂 | 2013 年以来，两国相继举行语言年、青少年交流年等大型交流年活动。中国在德国已开设中华文化中心以及 19 所孔子学院、4 所孔子课堂，德国歌德学院、德意志学术交流中心等在华机构也积极致力于中德人文交流。超过 4 万名中国学生在德国学习，是德国最大的外国留学生群体；在华德国专家多达 3 万人，德国留学生也达到 8200 人 |
| 32 | 2017.7.3 | 接受俄罗斯主流媒体采访 | 语言 | 双方互设文化中心，成立联合大学，制定了 2020 年互派留学生规模达到 10 万人的目标。两国民众十分喜爱对方国家的语言和文化，相互了解和友谊与日俱增。发展中俄友好合作关系成为两国人民的共同心声和愿望 |
| 33 | 2017.6.7 | 在《哈萨克斯坦真理报》发表题为《为中哈关系插上梦想的翅膀》的署名文章 | 孔子学院、孔子课堂 | 中哈人文交流更加紧密。2016 年，两国人员往来近 50 万人次，哈萨克斯坦在华留学生 1.4 万人。哈萨克斯坦已开设 5 所孔子学院和 7 家孔子课堂，4 所哈萨克斯坦中心落户中国高校。哈萨克斯坦歌手迪马希在中国家喻户晓，《舌尖上的中国》《温州一家人》等中国优秀影视剧走进千万哈萨克斯坦民众家庭 |
| 34 | 2017.5.14 | 在"一带一路"国际合作高峰论坛欢迎宴会上的祝酒辞 | 汉语 | 在北京，你可以游览古老的故宫、长城、天坛，也可以参观现代派的鸟巢、水立方、国家大剧院。你能听到中国传统的京剧和交响乐，也能欣赏来自西方的芭蕾舞和音乐新潮。努行在世界名品商店里的中国青年，也能遇见熟稔汉语，在老胡同里徜徉的外国友人 |

续表

| 序号 | 时间 | 出处 | 主题词 | 内容摘编 |
|---|---|---|---|---|
| 35 | 2017.2.22 | 在人民大会堂同意大利总统马塔雷拉举行会谈 | 汉语 | 双方应着眼全球新一轮科技和产业变革，深化创新合作。要扩大文化遗产领域交流合作，推动文化中心建设以及汉语和意大利语在对方国家教学和推广，加强民间交往 |
| 36 | 2016.12.1 | 在南非《星报》发表题为《让友谊、合作的彩虹更加绚丽夺目》的署名文章 | 孔子学院、孔子课堂 | 两国人民架起了友谊的彩虹之桥。南非是同中国建立友好省市、设有孔子学院和课堂、接纳中国留学生最多的非洲国家。去年和今年，中南两国分别在对方国家成功举办国家年活动，向对方国家人民展示了精彩的艺术文化和发展成就，引起强烈反响，这在中国同非洲国家中属于首次，开创了中非人文交流的新篇章 |
| 37 | 2016.11.30 | 在中国文联十大、中国作协九大开幕式上的讲话 | 语言、文字、书法 | 我们要高扬爱国主义主旋律，用生动的文学语言和光彩夺目的艺术形象、装点祖国的秀美河山，描绘中华民族的卓越风华，激发每一个中国人的民族自豪感和国家荣誉感。文艺反映社会，不是通过概念对社会进行油象，而是通过文字、颜色、声音、画面、情节、图像等进行艺术再现。因此，社会的色彩有多么斑斓，文艺作品的色彩就应该有多么斑斓。文学、戏剧、电影、电视、音乐、舞蹈、美术、摄影、书法、曲艺、杂技、民间文艺、文艺评论、群众文艺、艺术教育等领域都取得丰硕成果，主旋律更加响亮，正能量更加强劲，为人民提供了丰富精神食粮，向世界展示了中华文化魅力 |

续表

| 序号 | 时间 | 出处 | 主题词 | 内容摘编 |
| --- | --- | --- | --- | --- |
| 38 | 2016.11.21 | 在秘鲁国会的演讲 | 汉学家 | 另一位是秘鲁汉学家和翻译家吉叶墨先生，他1979年至1991年在中国南京大学和对外经贸大学教授西班牙语，撰写了《来自中国的报道》、《李白诗选》、《中华文化百科全书》等著作。此外，他在中国还拍了《大决战》、《重庆谈判》等25部中国电影，受到中国观众喜爱。现在，吉叶墨先生已经87岁了，听说他仍然坚持每年访华，我向他致以崇高的敬意 |
| 39 | 2016.11.17 | 在秘鲁《商报》发表题为《共圆百年发展梦 同谱合作新华章》的署名文章 | 汉语、孔子学院 | 中秘人文交流十分活跃，两国人民感情好上加好，亲上加亲。双方文化、教育、卫生、科技、媒体、智库、青年、司法等领域交流合作不断增多，越来越多秘鲁民众希望学习汉语，了解中华文化。秘鲁4所孔子学院注册学员超过4000名。我们欢迎更多秘鲁人到中国走一走、看一看。中国人民欣赏印加文明，越来越多中国人希望来秘鲁旅游观光 |
| 40 | 2016.10.12 | 在柬埔寨《柬埔寨之光》报发表题为《做肝胆相照的好邻居、真朋友》的署名文章 | 汉语、孔子学院 | 中国农技专家深入柬埔寨农村，白天传授农业技术，晚上教授汉语，受到柬埔寨民众欢迎和喜爱。2009年在柬埔寨成立的孔子学院，已经由1个教学点发展到14个教学点，在校生超过1万名。截至2015年，通过中国政府奖学金来华留学的柬埔寨学生突破1000人 |

续表

| 序号 | 时间 | 出处 | 主题词 | 内容摘编 |
|------|------|------|--------|----------|
| 41 | 2016.9.29 | 在北京人民大会堂同白俄罗斯总统卢卡申科举行会谈 | 孔子学院、孔子课堂 | 要深化人文交流，促进民心相通。中方支持在白俄罗斯开设更多孔子学院和孔子课堂，鼓励两国青年学生开展交流互访。要进一步便利双方人员往来，希望双方规划好明年中白建交25周年庆祝活动。双方要加大在国际和地区事务中的协调和配合。中方愿意同白方在联合国、上海合作组织、亚信等多边框架内深化合作，推动国际秩序朝着更加公正合理的方向发展。 |
| 42 | 2016.9.27 | 就二十国集团领导人峰会和全球治理体系变革进行第三十五次集体学习 | 外语 | 习近平强调，要提高我国参与全球治理的能力，着力增强规则制定能力、议程设置能力、舆论宣传能力、统筹协调能力。参与全球治理需要一大批熟悉党和国家方针政策、了解我国国情、具有全球视野、熟练运用外语、通晓国际规则、精通国际谈判的专业人才。要加强全球治理人才队伍建设，突破人才瓶颈，做好人才储备，为我国参与全球治理提供有力人才支撑。 |
| 43 | 2016.6.25 | 在《中俄睦邻友好合作条约》签署15周年纪念大会上的讲话 | 语言年 | 双方人文交流蓬勃开展。国家年、语言年、旅游年、青年友好交流年相继成功举办，媒体交流活动正在如火如荼开展，两国民众相互友好感增多，传统友谊日益巩固 |
| 44 | 2016.6.23 | 在塔什干会见土库曼斯坦总统别尔德穆哈梅多夫 | 汉语课程 | 双方要密切人文合作。我对土方将在中小学开设汉语课程感到高兴 |

续表

| 序号 | 时间 | 出处 | 主题词 | 内容摘编 |
|---|---|---|---|---|
| 45 | 2016.6.21 | 在乌兹别克斯坦《人民言论报》和"扎米洪"通讯社网站发表题为《谱写中乌友好新华章》的署名文章 | 汉语教学、孔子学院、汉学家 | 中乌都有着悠久历史和灿烂文化。人文交往一直是中乌关系中的重要组成部分。近年来，双方在互派留学生、汉语教学、地方交往、联合考古、互译文学作品方面合作取得新进展，两国民众友好感情日益深厚。人文合作成为凝聚两国人民情感的纽带。双方合作办学的塔什干孔子学院是中亚第一所孔子学院，11年末培养了3000多名中乌友好使者。中国西北大学等单位积极同乌方开展联合考古和古迹修复工作，为恢复丝绸之路历史风貌作出了重要努力。前不久，乌兹别克斯坦汉学家将中国著名作家老舍的《猫城记》翻译成乌兹别克语出版发行，相信它会为乌兹别克斯坦人民了解中国文学打开一扇窗户 |
| 46 | 2016.6.18 | 在贝尔格莱德同塞尔维亚总统尼科利奇举行会谈 | 孔子学院、汉语教学 | 双方同意密切人文交流，扩大人员往来，以塞尔维亚中华文化中心奠基、中方愿支持塞尔维亚孔子学院建设和汉语教学推广、为新起点，加强文化、教育、体育、地方等领域合作 |
| 47 | 2016.6.17 | 在波兰《共和国报》发表题为《推动中波友谊航船全速前进》的署名文章 | 孔子学院 | 中波人文交流日益活跃。"欢乐春节"、波兰文化季、波兰文化节等活动在华开展得有声有色。5所孔子学院相继在波兰落地生根，越来越多的中国高校开设波兰语教学。中波地方论坛成功举办3届，为两国地方交往提供了平台。双方人文交流形式多样，内涵丰富，两国传统友谊薪火相传，不断焕发出新的光彩 |

续表

| 序号 | 时间 | 出处 | 主题词 | 内容摘编 |
|---|---|---|---|---|
| 48 | 2016.6.16 | 在塞尔维亚《政治报》和新南斯拉夫通讯社发表题为《永远的朋友 真诚的伙伴》的署名文章 | 孔子学院、汉语教学 | 双方签署了《关于互设文化中心的协议》,贝尔格莱德、诺维萨德大学已经开设孔子学院,塞尔维亚已经在全国100多所中小学启动汉语教学试点工作,贝尔格莱德中华文化中心即将启动建设,将为中塞两国人民心灵相通打开新渠道 |
| 49 | 2016.5.17 | 在哲学社会科学工作座谈会上的讲话 | 古文字、甲骨文 | 还有一些学科事关文化传承的问题,如甲骨文等古文字研究等,要重视这些学科,确保有人做,有传承。总之,要通过努力,使基础学科健全、重点学科优势突出,新兴学科和交叉学科创新发展,冷门学科代有传承,基础研究和应用研究相辅相成、学术研究和成果应用相互促进;还有一些学科事关文化传承的问题,如甲骨文等古文字研究等,要重视这些学科,确保有人做,有传承 |
| 50 | 2016.1.21 | 在阿拉伯国家联盟总部的演讲 | 孔子学院 | 人文交流丰富多彩。我们举办了中阿友好年活动,签署了第一个共建联合大学协议,启动了百家文化机构对口合作,在华阿拉伯留学生突破14 000人,在阿拉伯国家孔子学院增至11所,中阿每周往来航班增至183架次 |
| 51 | 2015.11.7 | 在新加坡国立大学的演讲 | 文字 | 中国和东南亚山水相连,血脉相通,有文字可考的交往史长达2000多年。中华文明和东南亚文明彼此交相辉映、互为借鉴共生。中国自古讲和而不同、亲睦邻邦,同东南亚文化深度契合 |

155

续表

| 序号 | 时间 | 出处 | 主题词 | 内容摘编 |
|---|---|---|---|---|
| 52 | 2015.10.22 | 在伦敦出席全英孔子学院和孔子课堂年会开幕式 | 孔子学院、孔子课堂、汉语、语言 | 习近平在致辞中指出，多年来，孔子学院和孔子课堂的教职工为介绍中华文化，沟通人民心灵，搭建友谊桥梁倾注了大量热情和心血，取得了可喜成绩。看到英国有这么多老师和学生在教授和学习汉语，尤其看到有这么多英国学生对中国语言文化感兴趣，我感到很高兴。习近平强调，语言是了解一个国家最好的钥匙，孔子学院是世界认识中国的一个重要窗口。作为中外语言文化交流和汉语教学的窗口和桥梁，孔子学院也为推进中国同世界各国人文交流，促进多元多彩的世界文明发展作出了重要贡献。习近平指出，近年来，孔子学院在英国快速发展。目前，英国已经建立起29所孔子学院和126个孔子课堂，数量居欧洲之首。全英孔子学院取得的硕果也是中英人文交流蓬勃发展的缩影。通过人文交流，中英两国文化中的精华正在对两国人民的思维方式和生活产生着奇妙的"化学反应"。"为之不厌，诲人不倦。"希望在座各位教师再接再厉，为中英友好事业添砖加瓦。希望孔子学院继续秉承"相互尊重、友好协商、平等互利"的校训，为传播文化，沟通心灵，促进世界文明交流作出新的更大贡献 |
| 53 | 2015.10.21 | 在伦敦金融城市政厅发表题为《共倡开放包容 共促和平发展》的重要演讲 | 汉语热、中文 | 中国在英国的留学生超过15万；汉语热遍及英伦三岛，600多所中小学开设了中文课程。今年是历史上首个中英文化交流年，两国艺术家间的交流精彩纷呈。这一切，印证了中英友好已深入人心，两国关系长远发展有着坚实的民意和社会基础 |

续表

| 序号 | 时间 | 出处 | 主题词 | 内容摘编 |
|---|---|---|---|---|
| 54 | 2015.9.22 | 在中美省州长论坛上的讲话 | 中文 | 中方将在未来3年内资助两国共5万名留学生到对方国家学习，美国也将努力在2020年前实现目前万名美国学生学中文，两国将在2016年举办旅游年。这些举措将为两国各省州加强人文交流提供更多平台。希望大家一道努力，把中美民间友好的桥梁筑得更宽、更牢 |
| 55 | 2015.7.21 | 在人民大会堂同新西兰总督迈特帕里举行会谈 | 汉语教学 | 中方愿同新方拓展两国人文交流，希望双方加强学生交流、高层次人才培养、科研、汉语教学、体育等领域交流合作，构建长期稳定的合作伙伴关系 |
| 56 | 2015.6.9 | 在北京人民大会堂同安哥拉总统多斯桑托斯举行会谈 | 孔子学院 | 中方将继续支持安方加强人力资源开发，愿同安方协作办好内图大学孔子学院。中方愿同安方加强在安理会等国际机构中的合作，并就2015年后国际发展议程、气候变化、非洲和平与发展等问题加强协调和合作，维护发展中国家共同权益 |
| 57 | 2015.5.21 | 就人民日报海外版创刊30周年作出重要指示 | 语言 | 希望人民日报海外版以创刊30周年为新起点，总结经验，发挥优势，锐意创新，用海外读者乐于接受的方式，易于理解的语言，讲述好中国故事，传播好中国声音，努力成为增信释疑、凝心聚力的桥梁纽带 |
| 58 | 2015.5.10 | 在明斯克同白俄罗斯总统卢卡申科举行会谈 | 孔子学院 | 扩大人文和地方交流合作，夯实两国友好的社会和民间基础。中方将继续支持白方办好孔子学院和中华文化日活动，同白俄罗斯相关地方开展对口合作，培育新合作增长点。今年是白俄罗斯"青年年"，中方邀请100名白俄罗斯大学生来华交流 |

| 序号 | 时间 | 出处 | 主题词 | 内容摘编 |
|---|---|---|---|---|
| 59 | 2015.4.21 | 在巴基斯坦议会发表题为《构建中巴命运共同体 开辟合作共赢新征程》的重要演讲 | 汉语教师 | 2015 年是中巴友好交流年，我们要开展形式多样、内容丰富的庆祝活动。要鼓励两国青年一代多来往、多交流。中国将在未来 5 年内为巴方提供 2000 个培训名额，并帮助巴方培训 1000 名汉语教师 |
| 60 | 2015.4.19 | 在巴基斯坦《战斗报》和《每日新闻报》同时发表题为《中巴人民友谊万岁》的署名文章 | 语言培训 | 今年是中巴友好交流年，双方要精心组织、密切配合、办好系列庆祝活动。双方要扩大人员往来、语言培训、青年交流、地方友城、传媒和智库合作，让中巴友好扎根基层，让两国人民的心灵更加贴近 |
| 61 | 2015.3.25 | 在人民大会堂同亚美尼亚总统萨尔基相举行会谈 | 汉语教学 | 中方将继续帮助亚美尼亚开展汉语教学，增加来华留学政府奖学金名额，愿加强双方文化、新闻和学术界交流互动 |
| 62 | 2015.1.6 | 在人民大会堂同哥斯达黎加总统索利斯举行会谈 | 汉语教学 | 中方支持哥方开展汉语教学，鼓励两国文化机构互办展览，愿同哥方加强旅游合作，希望简化中国公民入境手续 |
| 63 | 2014.12.9 | 在人民大会堂同爱尔兰总统希金斯举行会谈 | 汉语教学 | 中爱都拥有悠久历史和灿烂文化，萧伯纳、王尔德、乔伊斯、叶芝等受爱尔兰文学巨匠在中国广受欢迎。双方要促进人文交流，便利人员往来，互派更多留学生。中方支持在爱尔兰开展汉语教学 |
| 64 | 2014.11.22 | 会见库克群岛总理普纳时 | 孔子学院 | 中方积极考虑在库克群岛开设孔子学院，促进人文交流 |
| 65 | 2014.11.18 | 在澳大利亚塔斯马尼亚州参观访问 | 汉语 | 习近平说，我们来到这里，一个主要目的就是来看看你们，你们代表着希望和未来。我知道，你们和你们身边不少同学都在学习汉语，希望你们更多了解中国历史和文化 |

续表

| 序号 | 时间 | 出处 | 主题词 | 内容摘编 |
|---|---|---|---|---|
| 66 | 2014.10.15 | 习近平在文艺工作座谈会上的讲话 | 书法、书法家 | 京剧、民乐、书法、国画等都是我国文化瑰宝，都是外国人了解中国的重要途径。文艺工作者要讲好中国故事，传播好中国声音，阐发中国精神，展现中国风貌，让外国民众通过欣赏中国作家艺术家的作品来深化对中国的认识、增进对中国的了解。要向世界宣传推介我国优秀文化艺术，让国外民众在审美过程中感受魅力，加深对中华文化的认识和理解；创新是文艺的生命。文艺创作中出现的一些问题，同创新能力不足很有关系。刘勰在《文心雕龙》中就多处讲到，作家诗人要随时代生活创新，以自己的艺术个性进行创新。唐代书法家李邕说："似我者俗，学我者死。"宋代诗人黄庭坚说："随人作计终后人，自成一家始逼真。"文艺创作是观念和手段相结合、内容和形式相融合的深度创新，是各种艺术要素和技术要素的集成，是胸怀和创意的意造的对接。要把创新精神贯穿文艺创作生产全过程，增强文艺原创能力 |
| 67 | 2014.9.27 | 致信祝贺全球孔子学院建立十周年暨首个全球"孔子学院日" | 孔子学院、汉语教学 | 习近平在信中表示，值此全球孔子学院建立十周年之际，我收到来自90个国家和地区286名孔子学院校长、院长的来信。你们在来信中谈到，孔子学院是中国为世界和平与国际合作而不懈努力的光明未来的象征，是连接中国和世界人民的纽带，并对孔子学院积极开展汉语教学和文化交流活动表赞赏。10年来，孔子学院积极开展汉语教学与文化交流活动，为推动世界各国文明交流互鉴，增进中国人民与各国人民相互了解和友谊倾注了大量热情和心血。你们为促进文化知识传播、人民心灵沟通发挥了重要作用。这是一项十分有意义的工作，是人类共同的宝贵财富。习近平指出，世界各国人民创造的灿烂文化，是人类共同的宝贵财富。我们应该通过交流互鉴和创造 |

159

| 序号 | 时间 | 出处 | 主题词 | 内容摘编 |
|---|---|---|---|---|
| 68 | 2014.9.18 | 在印度世界事务委员会的演讲 | 文字、汉语教师 | 性发展，使之在当今世界焕发出新的生命力。孔子学院属于中国，也属于世界。中国政府和人民将一如既往支持孔子学院发展。让我们一起努力，推动人类文明进步，推动人民心与心的交流，共同创造人类更加美好的明天 |
|  |  |  |  | 中印两国有文字可考的交往在史上长达2000多年。佛兴西方，法流东国，讲的是中印两国人民交往史上浓墨重彩的佛教交流。中国将扩大同南亚国家人文交流，未来5年向南亚提供1万个奖学金名额，5千个培训名额，5千个青年交流和培训名额，培训5千名汉语教师。中国将同南亚国家一道实施中国－南亚科技合作伙伴计划，充分发挥中国－南亚博览会合作用，打造互利合作的新平台 |
| 69 | 2014.9.16 | 同斯里兰卡总统拉贾帕克萨会谈 | 汉语教学 | 双方要拓展旅游、文化、教育、宗教等领域交流合作，支持在斯里兰卡开展汉语教学。中方愿同斯方继续加强在联合国等多边框架内沟通协调，共同促进地区和平与发展 |
| 70 | 2014.9.13 | 同塔吉克斯坦总统拉赫蒙会谈 | 汉语教学 | 塔吉克斯坦青年对中国非常感兴趣，我们愿意创造条件，促进人文交流，推广汉语教学 |
| 71 | 2014.9.12 | 在杜尚别会见土库曼斯坦总统别尔德穆哈梅多夫 | 汉语教学 | 中方支持土方在中国举办文化日活动，愿意帮助土方推广汉语教学，促进人文交流 |

续表

| 序号 | 时间 | 出处 | 主题词 | 内容摘编 |
|---|---|---|---|---|
| 72 | 2014.8.21 | 在乌兰巴托同蒙古国总统额勒贝格道尔吉举行会谈 | 语言、汉字书法、汉语教学 | 双方要共同办好中蒙友好交流年纪念活动，加强两国青年、媒体、语言、非物质文化遗产保护，跨境传染病防控，荒漠化防治等领域交流合作。中方愿帮助蒙方加强人力资源建设，欢迎蒙方在华设立文化中心 |
| 73 | 2014.7.19 | 在布宜诺斯艾利斯接受该市授予的城市钥匙 | 汉语、双语学校 | 红红火火的春节庙会，书声琅琅的阿根廷汉语和西班牙语双语学校，拉近着两国人民心灵的距离。希望布宜诺斯艾利斯同中国省市的交流合作结出更多硕果，为中阿关系发展作出更多贡献 |
| 74 | 2014.7.16 | 在巴西国会发表《弘扬传统友好 共谱合作新篇》的演讲 | 中文热、孔子学院、孔子课堂 | 同时，在巴西中文化热不断升温。巴西是设立孔子学院和孔子课堂最多的拉美国家，已经开设的7所孔子学院、2个孔子课堂学生众多，后续生源踊跃。双方应该持续推动人文交流，促进青年人交往，让中巴友谊世代传承 |
| 75 | 2014.7.14 | 在韩国国立首尔大学的演讲 | 汉语 | 去年，朴槿惠总统访华期间，在中韩商务合作论坛演讲时用汉语说"先做朋友，再做生意"，生动反映了对义利关系的正确认识，先义后利的重要思想观念 |
| 76 | 2014.7.3 | 在韩国《朝鲜日报》《东亚日报》同时发表题为《风好正扬帆》的署名文章 | 书法 | 去年朴槿惠总统访华时，我赠送给她一幅中国书法："欲穷千里目，更上一层楼"。这也是我对中韩关系发展的期许。当前，中韩关系正面临大发展的机遇，给两国关系发展注入新动力是双方面临的共同课题，也是我这次访问的主要任务 |

续表

| 序号 | 时间 | 出处 | 主题词 | 内容摘编 |
|------|------|------|--------|----------|
| 77 | 2014.6.28 | 在和平共处五项原则发表60周年纪念大会上的讲话 | 语言 | 坚持包容互鉴。文明多样性是人类社会的基本特征。当今世界有70亿人口，200多个国家和地区，2500多个民族，5000多种语言。不同民族、不同文明多姿多彩、各有千秋，没有优劣之分，只有特色之别 |
| 78 | 2014.5.30 | 在北京市海淀区民族小学主持召开座谈会时的讲话 | 汉字、甲骨文 | 一个民族的文明进步，一个国家的发展壮大，需要一代又一代人接力努力，需要很多力量来推动，核心价值观是其中最持久最深沉的力量。中华民族有着5000多年的悠久历史和灿烂文化，而且中华文明从远古一直延续发展到今天。为什么中华民族能够在几千年的历史长河中顽强生存和不断发展呢？很重要的一个原因，是我们民族有一脉相承的精神追求、精神特质、精神脉络。今天我们使用的汉字同甲骨文没有根本区别，老子、孔子、孟子、庄子等先哲归纳的一些观念也一直延续到现在。这种几千年连贯发展至今的文明，在世界各民族中是不多见的 |
| 79 | 2014.4.1 | 在布鲁日欧洲学院的演讲 | 文字 | 在世界几大古代文明中，中华文明是没有中断、延续发展至今的文明，我们的祖先在几千年前创造的文字至今仍在使用 |

续表

| 序号 | 时间 | 出处 | 主题词 | 内容摘编 |
|---|---|---|---|---|
| 80 | 2014.3.30 | 同德国汉学家、孔子学院教师代表和学习汉语的学生代表座谈 | 语言、汉语、孔子学院 | 习近平指出，在世界多极化、经济全球化、文化多样化、国际关系民主化的时代背景下，人与人沟通很重要，国与国合作很必要。沟通交流的重要工具就是语言。一个国家文化的魅力、一个民族的凝聚力主要通过语言表达和传递。掌握一种语言就是掌握了通往一国文化的钥匙。学会语言，才能了解不同文化的差异性，进而客观理性看待世界，包容友善相处。习近平强调，一些人对中国有偏见，主要是源于陌生、隔阂和不了解。了解中国，不能只看一个点、一个面，切忌首人摸象。介绍中国，既要介绍古老的中国，也要介绍全面的中国；既要介绍古老的中国，也要介绍当代中国的经济社会发展，也要介绍中国的人和人心。中华优秀文化影响着中国人的行为方式。习近平指出，在中外文化沟通交流中，其中一些重要内容就是要保持对自身文化的自信、耐力、定力。桃李不言，下自成蹊。大音希声，大象无形。潜移默化，持之以恒，偏见和误解就会消于无形。习近平表示，德国出了许多文学家、哲学家、科学家和艺术大师。中国很多院校也开设了德语课，中国一些大语言交流合作中西方比较研究。在德国学习孔子学院的人越来越多。现在，我们鼓励国年轻人加强交往，传承友谊。希望两国年轻人进一步发挥孔子学院作用，加大语言交流合作中西方比较研究。对包括诸位在内的外国中国问题专家，我们愿意抱着谦虚、尊重的态度听取你们的意见 |

续表

| 序号 | 时间 | 出处 | 主题词 | 内容摘编 |
|---|---|---|---|---|
| 81 | 2014.3.29 | 在比利时《晚报》发表题为《中欧友谊和合作：让生活越来越美好》的署名文章 | 语言 | 这样的故事还有很多，让我感受到中欧友谊和合作的强大力量。这种力量从2000年前的古丝绸之路走来，不同语言、不同信仰的人们携起手来，共同走向更加美好的生活，这是中国人民和欧洲各国人民的共同愿望 |
| 82 | 2014.3.27 | 在中法建交五十周年纪念大会上的讲话 | 汉语 | 中法合作是双赢的事业，两国人民是这一事业的最大受益者。50年来，双边贸易额比建交之初增加500多倍；人员往来从无到有，已经接近每年200万人次；有5万法国人正在学习汉语，学习法语的中国人数达到10万。不久前，苏菲·玛索走上了中国收视率极高的马年春节联欢晚会舞台。中法合作潜移默化影响着两国国民生活，必将为中华民族和法兰西民族创造出越来越多的福祉 |
| 83 | 2014.3.27 | 在联合国教科文组织总部的演讲 | 语言、文字 | 世界上有200多个国家和地区，2500多个民族和多种宗教。如果只有一种生活方式，只有一种语言，只有一种音乐，只有一种服饰，那是不可想象的。让收藏在博物馆里的文物、陈列在广阔大地上的遗产、书写在古籍里的文字都活起来，让中华文明同世界各国人民创造的丰富多彩的文明一道，为人类提供正确的精神指引和强大的精神动力 |
| 84 | 2014.3.25 | 在法国《费加罗报》发表题为《特殊的朋友 共赢的伙伴》的署名文章 | 汉语 | 50年来，两国人文交流从未中断，推动着中法两大灿烂文明的交流互鉴，拉近了两国民众心与心的距离。法国是第一个同中国互办文化年、互设文化中心的西方大国，也是第一个同中国开展青年交流的西方大国。在法国有10万青少年学习法语，在法国也有越来越多的人学习汉语，目前已经有4.5万，这个数字还在不断增长 |

续表

| 序号 | 时间 | 出处 | 主题词 | 内容摘编 |
|---|---|---|---|---|
| 85 | 2013.12.30 | 习近平在中共中央政治局第十二次集体学习时强调建设社会主义文化强国 着力提高国家文化软实力 | 文字 | 要系统梳理传统文化资源，让收藏在禁宫里的文物、陈列在广阔大地上的遗产、书写在古籍里的文字都活起来。要以理服人、以文服人、以德服人，提高对外文化交流水平、完善人文交流机制、创新人文交流方式，综合运用大众传播、群体传播、人际传播等多种方式展示中华文化魅力 |
| 86 | 2013.10.3 | 在印度尼西亚国会的演讲 | 汉语 | 在中国，从工厂到机场、救援物资一路绿灯，一架架飞机满载着中国人民的爱心飞往亚齐等灾区。中国国际救援队是第一支抵达亚齐的国际救援队，他们在短短13天里救治了1万多名受灾群众。当地群众见到他们，不少人学会了用汉语说："中国、北京，我爱你。" |
| 87 | 2013.9.16 | 在北京人民大会堂同巴林国王哈马德举行会谈 | 孔子学院 | 扩大人文交流。中方将在巴林开设孔子学院，同巴方互办"文化周"，加强民间特别是青年交往。中方正在积极考虑将巴林列为中国公民出境旅游目的地国家 |
| 88 | 2013.9.9 | 在塔什干同乌兹别克斯坦总统卡里莫夫举行会谈 | 孔子学院 | 促进人文交流，互办主题年，在撒马尔罕等设立孔子学院，推动建立更多友好省州（市） |
| 89 | 2013.9.7 | 在纳扎尔巴耶夫大学的演讲 | 孔子学院、夏令营 | 为促进上海合作组织框架内青年交流，中国将在未来10年向上海合作组织成员国提供3万个政府奖学金名额，邀请1万名孔子学院师生赴华研修。希望你们利用上述奖学金到中国学习交流。在此，我邀请贵校200名师生明年参加夏令营活动 |
| 90 | 2013.8.26 | 在人民大会堂同塞尔维亚总统尼科利奇举行会谈 | 汉语教学、孔子学院 | 文化上，积极推动互设文化中心。中方支持塞尔维亚推广汉语教学，办好孔子学院。中方将作为主宾国参加2014年贝尔格莱德国际书展 |

续表

| 序号 | 时间 | 出处 | 主题词 | 内容摘编 |
|---|---|---|---|---|
| 91 | 2013.7.10 | 在北京人民大会堂同尼日利亚总统乔纳森举行会谈 | 孔子学院 | 扩大人文交流，夯实友好民意基础。深化文化合作，共同办好尼日利亚在华文化中心、中国在尼日利文化中心及孔子学院，深化体育、高校、智库、青年交流合作，依法保障对方公民和机构的安全和合法权益 |
| 92 | 2013.6.3 | 在圣何塞同哥斯达黎加总统钦奇利亚举行会谈 | 孔子学院 | 深化文化、教育、体育、旅游等领域交流。加强青年和地方交往，搞好互派留学生和孔子学院等项目。中方继续为哥方培训各类专业技术人才。便利人员往来，哥方将为中方人员简化签证手续 |
| 93 | 2013.6.1 | 在西班牙港同特立尼达和多巴哥总理比塞萨尔举行会谈 | 孔子学院 | 扩大人员往来，加强旅游、文化特别是创意产业、教育、卫生、体育、新闻、人员培训等领域交流合作，支持青年交流，早日在特多建成孔子学院，搞好明年两国建交40周年庆祝活动，增进了解和友谊 |
| 94 | 2013.5.20 | 在北京人民大会堂同塔吉克斯坦总统拉赫蒙举行会谈 | 孔子学院 | 人文领域，中方鼓励更多塔方学生来华学习，塔方欢迎在塔吉克斯坦增设孔子学院。开展丰富多彩的文化交流活动，包括互办文化日、文化节 |
| 95 | 2013.4.25 | 在北京人民大会堂同法国总统奥朗德举行会谈 | 语言 | 加强文化遗产保护，防范和打击文物走私领域合作，支持在本国推广对方语言，扩大互派留学生规模，促进旅游合作。共同搞好明年中法建交50周年庆祝活动 |
| 96 | 2013.4.6 | 在海南省三亚市同芬兰总统尼尼斯特举行会谈 | 孔子学院 | 双方要丰富人文交流形式，充分发挥孔子学院平台作用，加强青年交流，实现中芬友好薪火相传 |

续表

| 序号 | 时间 | 出处 | 主题词 | 内容摘编 |
|---|---|---|---|---|
| 97 | 2013.3.25 | 会见俄罗斯汉学家、学习汉语的学生和媒体代表 | 语言 | 习近平表示，俄罗斯文学家果戈里曾说过，青年之所以幸福，是因为拥有未来。要发展好中俄关系，培养青年一代的友谊。要让青年人了解对方国家的历史和现在，学习对方国家的语言和文化，进行心灵的沟通。只有多交流、多接触，认识才能更全面、更深刻。中俄双方商定，到2020年双方留学人员总数要达到10万人。培养中俄友谊接班人就是要从青年人抓起 |

# 参考文献

白乐桑. 2018. 法国汉语教育研究. 北京：北京语言大学出版社.

曹德明. 2016. 国外语言文化推广机构研究（上下册）. 北京：时事出版社.

方茜. 2012. 英国文化委员会运作机制研究. 北京大学硕士学位论文.

顾明远. 1990. 教育大辞典. 上海：上海教育出版社.

孔佳. 2021. "国际中文日"：从共识走向行动. 人民日报（海外版），4-23.

李宝贵，庄瑶瑶. 2020. 汉语纳入海外各国国民教育体系之方略探索. 现代传播，（1）：84-88.

李娅玲. 2012. 中国外语教育政策发展研究. 北京：北京大学出版社.

李宇明. 2018. 李宇明语言传播与规划文集. 北京：北京语言大学出版社.

李宇明. 2021a. 认识语言的经济属性，支持区域经济和自贸区（港）发展. 语言产业研究，（3）：15-19.

李宇明. 2021b. 国家治理　语言助力. 王春晖. 语言治理的理论实践. 北京：中国社会科学出版社.

李宇明，唐培兰. 2020. 论汉语的外语角色. 语言教学与研究，（5）：17-30.

李宇明，唐培兰. 2022. 国际语言传播机构发展历史与趋势. 世界汉语教学，（1）：3-18.

梁宇，吴应辉，邵亦鹏. 2021. 国际中文教育教学资源发展报告（2021）. 北京：北京语言大学出版社.

林良光. 1984. 东孟加拉语言运动. 南亚研究，（1）：49-53.

刘琛. 2020. 改革开放以来中国形象的国际传播：从多元文化主义到软实力理论的中国反思与实践. 北京：北京大学出版社.

陆俭明. 2022. 学好语文是学好一切的根本——个人语文素养关系国家语言能力建设. 光明日报，1-23.

马箭飞. 2021. 构建"中文+职业技能"教育高质量发展新体系. 中国职业技术教育，（12）：119-123.

马箭飞. 2022. 国际中文教育开创新局面. 神州学人，（1）：10-11.

莫洛·F. 纪廉. 2022. 趋势2030：重塑未来世界的八大趋势. 北京：中信出版社.

沈传亮. 2021. 如何理解"百年未有之大变局". http://dangshi.people.com.cn/n1/ 2021/0525/c436975-32112281.html.

沈阳. 2015. 全社会都应关注语言问题. 中国教育报，4-8.

唐培兰. 2021. 论中文被纳入各国国民教育体系. 教育进展，（4）：1176-1183.

佟迅. 2021. 中国传统艺术海外传播策略研究：以孔子学院为例. 北京：中国文联出版社.

王毅. 2021. 深入贯彻习近平外交思想　高举真正多边主义火炬. http://www.yueyang. gov.cn/yylq/21487/21488/21502/content_1834561.html.

王岳川. 2007. 中国书法世界化之可能性——王岳川对话法国柯迺柏. 中国书画，（7）：95-99.

文秋芳，常小玲. 2021. 中国共产党百年外语教育与中华民族伟大复兴. 外语教育研究前沿，（2）：7-19.

文秋芳，张天伟. 2018. 国家语言能力理论体系构建研究. 北京：北京大学出版社.

吴应辉. 2022. 国际中文教育新动态、新领域与新方法. 河南大学学报（社会科学版），（2）：103-110.

杨春. 2013. 媒体解析联合声明与联合公报的区别，南方时报，2013年5月30日.

杨峻. 2020. 日本国际交流基金语言推广的实施情况调查研究. 延边大学学报，（2）：55-61.

姚喜双. 2020. 新时代语言文字事业发展的根本指针. https://www.worker cn.cn/

33915/202010/14/201014104011659.shtml.

尹冬民. 2021. 推动中国语言文化全球传播行稳致远. http://www.qstheory.cn/
qshyjx/ 2021-11 /28/c_1128109294.htm.

尹冬民. 2022. 加强交流互鉴　增进相互理解　发展长久有益——习近平总
书记关于语言文字交流合作的重要论述及其价值研究. 天津师范大学学
报，（4）：31-33.

赵蓉晖. 2021. 世界语言生活状况报告（2021）. 北京：商务印书馆.

赵世举. 2014. 语言与国家. 北京：商务印书馆.

郑瑞. 2020. 20世纪西方之中国书法收藏、展览和研究. 北京：中国社会科学
出版社.

郑瑞，王仙锦. 2013. 西方中国书法研究之滥觞. 新美术，（3）：88-91.

钟英华. 2021. 汉语国际教育专业学位水平评估的方向和质量导向. 天津师范
大学学报，（1）：2-6.

朱旭东. 1995. 18世纪中期至19世纪前期欧美国民教育理论与实践的历史研究.
北京师范大学博士学位论文.

# 致　谢

　　本书得以完成要感谢各位领导同事、专家学者的悉心指导和大力支持。感谢马箭飞主任的提携和关怀，给我提供了成长平台和语合之家，开阔眼界、增长见识，为提高站位、谋划发展打样立标。感谢亦师亦友的王甬处长，每每在配合他攻坚克难的过程中，得到无私的指导和醍醐灌顶的收获，感染并带动了我对这份事业的认识和投入。感谢各位可爱的同事，大家都是语合中心大家庭的一分子，用专业托举事业，用青春奉献初心，用担当履行使命。感谢刘朋建、钟英华、刘利、李宇明、宁继鸣、吴应辉、王辉等专家学者，感谢他们对我的热情指导和帮助。

　　本书得以付梓要特别感谢语用司二级巡视员孟庆瑜司长、语信司郭浩对课题的指导支持，感谢北京语言大学出版社总编辑郭风岚教授的全力支持，感谢本书编辑陈维昌、陈辰的辛苦付出，尤其是感谢同事兼书友邵亦鹏处长的大力推荐。

　　本书献给我的父母、妻子和女儿！父亲已经去世两年了，感谢他给了我坚毅的性格和乐观的态度，这让我终身受益。感谢母亲帮着我们照料女儿，她的勤劳朴实、善良坚韧让我们可以安心地工作和学习。感谢我的妻子，很多时候我或在单位加班，或在家中赶稿，妻子承担了很多指导女儿学习和功课的任务，我得以全身心投入写作。感谢女儿带来的快乐和惊喜，让我们一起体会成长的乐趣和人生的美好。